# がっさん通信

―四方を山に囲まれた山形大学発―

花輪　公雄

# はじめに

山形大学に着任してから数か月が経った頃、前に勤務していた東北大学で行っていたように、ウェブサイトを利用して情報発信することを思い立った。広報担当の矢作清理事にお話ししたところ、進めましょうとのことで、本学のウェブサイトに「がっさん通信」なる名称で文章を掲載することとした。この名称の由来については、本書「折に触れて」の最初のエッセイ「皆さんは『心の山』をもっていますか」を参照されたい。

エッセイの掲載は二〇二一年八月から行うこととし、冒頭に「『がっさん通信』を開設するにあたって」と題して、次のような文章を寄せた。

二〇二一年四月に理事・副学長（企画・評価・総務・危機管理・内部統制担当）に就任した花輪です。どうぞよろしくお願いいたします。

まず、自己紹介です。私は現在の天童市の生まれで、高校まで山形県におりました。一九七一年四月に隣県の東北大学に進学し、二〇一八年三月に定年退職するまで、同大学に教員として勤務していました。この三月、山形大学での勤務のため、五〇年ぶりに山形へ活動の拠点を移しました。とは言いましても、この間、家族は山形におりましたので、土・日や、お盆・お正月などはもっぱらこちらで過ごしていました。なお、山形の家は本学と同じ小白川町内にあります。

さて、山形での生活も、山形大学での勤務も次第に落ち着いてきました。そこで、これまで東北大学で行ってきたように、私なりに大学から随時情報発信をすることとしました。『がっさん通信』と名付けた本ウェブサイトでは、「キャンパスから」、「折に触れて」、「最近読んだ本から」の三つのカテゴリで、情報発信したいと考えています。

山形大学のその時々の動き（キャンパスから）や、日頃考えたこと・感じたこと（折に触れて）、そして皆さんにお薦めしたい本（最近読んだ本から）を紹介しますので、気軽に楽しんでいただければ幸いです。どうぞ、お付き合いください。

以来、退任した二〇二四年三月まで二つのカテゴリでエッセイを発表するとともに、毎月三冊の本の紹介を行った。本ブックレットは、これら二つのカテゴリのエッセイを集めたものである。

エッセイは特にテーマを決めることなく書いたもので、脈絡がないのだが、一つだけ、山形大学の大学祭に興味を持ち、それらについて取材したり調べたりしたものがいくつかある。特に小白川キャンパスの大学祭「八峰祭」（やつみねさい）がいつ、どのようなことでこの名前に落ち着いたのかは、かなり詳しく調べたつもりだが、結論を言えば、現段階で残念ながら調べ上げることが出来なかった。なお、ウェブサイトへはアップロードしなかったが、八峰祭に関する調べの中で見つけた文章と、寄稿していただいた文章があるので、それらもＮｏ・33、Ｎｏ・34として本ブックレットに収めた。

退任するにあたり、ウェブサイトへ掲載したこれらのエッセイを活字化して残しておくのも、後日なにがしかの参考になろうと思い、山形大学出版会から出版することにした。出版を快諾してくださった玉手英利学長、矢作清元理事に感謝の意を表する。

ほぼ一〇日に一度、がっさん通信をウェブサイトへアップロードしてくださった総務部秘書広報室の笠原明子さん、佐々木優翔さん、星川恵さん、堀野那菜さんに御礼申し上げる。

二〇二四年五月

四方を山に囲まれた山形の地にて

花　輪　公　雄

# 目次

## キャンパスから

## 折に触れて

# キャンパスから

# 1 山形大学のシンボルマークとスクールカラー

四月一日（木）の午前九時三〇分、本部棟三階の学長室で、玉手英利学長から辞令を頂いた。いよいよ山形大学の人となった。当日は写真撮影などもあったが、初日からその後ルーティンとなる打合わせが入っているなど、いわばアクセル全開状態で仕事が始まった。

新任の私には、当日名刺と山形大学のシンボルマークのピンバッジが配られた。早速、ピンバッジはスーツの上着に飾られる。このシンボルマークのピンバッジ、なかなか良いデザインとセンスのいい色で、私のお気に入りとなった。

この山形大学のシンボルマークのことである。『山形大学ビジュアル・アイデンティティデザインマニュアル』に、次のような記載があった。「山形大学の山の字をモチーフにしてデザインされました。色は緑豊かな山形をイメージ。これからの山形大学がますます活気のあふれた勢いのある大学になるようにとの願いが込められている」と。そう、このシンボルマークは漢字の“山”をデフォルメしたのだった。当初私は、“モンテディオ”（神の山）である出羽三山（月山・羽黒山・湯殿山）を題材に、形状をデフォルメしたのかなと思ったのだが、漢字の山の字からだとは気づかなかった。もっとも、漢字の山は象形文字なので、当たらずといえども遠からずではあるのだが。

このシンボルマークは、二〇〇一（平成一三）年に、「二一世紀を迎え、本学の更なる発展を期し、学生と教職員の一体感を高めるのに相応しいシンボルとして、公募により制定され」た。一九九八（平成一〇）年度入学の教育学部（現地域教育文化部）四年の千葉麻理子さんの作品を、同学部の和田直人准教授（当時）が補作したのだという。

次は色のことである。色は「常盤色」に近いが独自色だそうで、シアン（一〇〇：混ぜる相対分量）、マゼンダ（六〇）、イエロー（七〇）を混ぜた色であるという。そして、この色を“YUグリーン”と名付け、本学のスクールカラーとしているのだそうだ（山形大学ビジュアル・アイデンティティ取り扱い規定第二条（四））。

このシンボルマークは、申請さえすれば学生の皆さんも部旗などに使用できるという。教職員も、学生の皆さんも、山形大学の一員としてシンボルマークに日常的に接していることを期待している。いや、接していることを確信している。

（二〇二一年八月一〇日）

## 2 山形大学の大学歌・学生歌・イメージソング

毎日夕方五時になると本部棟に流れる歌がある。〝大学歌〟である。この大学歌は、「平成二一年に創立六〇周年を記念し歌詞の募集を行い、当時地域教育文化学部在学中の石先麻美さんと難波千鶴さんの作品が選ばれ」、「作曲は、山形市出身の大谷靖夫氏に依頼し、平成二二年三月に本学大学歌として制定されました」とウェブサイトに紹介されている。今から一〇年ほど前に制定された新しい大学歌である。インターネットで調べてみると、作曲家の大谷さんは一九七八（昭和五三）年生まれの作曲家で、倖田來未さんはじめ多くの歌手に楽曲を提供している方のようだ。

この大学歌の一番の歌詞は、入学した春、希望を胸に学びへの決意を胸に集う学び舎、二番の歌詞は、多くの友と集いしも、自分を信じて真理探究する学び舎、三番の歌詞は、雪模様の中、次代を担う決意を抱いて羽ばたく学び舎、と山形大学を愛おしく思う歌詞となっている。一番から三番へと、ストーリ性のある歌詞で、なかなかいい感じである。

さて、本学はもう二つの歌を持っていることをウェブサイトで知った。一つは〝学生歌〟の〝みどり樹に〟であり、もう一つはイメージソング〝夢のカケラ〟である。

〝みどり樹に〟は、一九五八（昭和三三）年に制定された学生歌で、当時教育学部四年生だった菅原威（その後宮下姓）さんの作詞、同じく教育学部の学生だった橋場富蔵さんの作曲である。

イメージソング〝夢のカケラ〟は、二〇〇八（平成二〇）年に制定された。作詞は柴田和敬さん、作曲は柴田さんと佐賀亮介さんである。大学を活性化するための事業である「山形大学元気プロジェクト」の中で採択されたイメージソングである。当時の河北新報の記事によると、柴田さんは人文学部四年、佐賀さんは工学部一年であり、人文学部の四年の熊谷悟さんとともに、バンド「コンソメ」で活動していたという。採択後コンソメは、学内外のコンサートでこのイメージソングを紹介していたらしい。

この"夢のカケラ"、テンポの速いポップ調のとても清々しい曲である。現在、この曲はどう歌い続けられているのだろうか。軽音楽のグループやアカペラなどのグループが、歌い続けてくれていると嬉しいのだが。

【参考URL】

1．大学歌

https://www.yamagata-u.ac.jp/jp/university/song/official/

2．学生歌

https://www.yamagata-u.ac.jp/jp/university/song/student/

3．イメージソング

https://www.yamagata-u.ac.jp/jp/university/song/image/

（二〇二一年九月一〇日）

## 3 一〇月一五日は開学記念日

一〇月一五日は本学の開学記念日である。一九四九（昭和二四）年のこの日に、本学全体の開学記念式典を開催したことで、以後、開学記念日となった。

現在まで続く六・三・三・四制などを定めた「学校教育法」（一九四七（昭和二二）年三月三一日公布、四月一日施行）の下で、国が直接設置する学校について定めた「国立学校設置法」が一九四九（昭和二四）年五月三一日に公布、同日施行された。国立大学もこの中で規定されており、六九の新制国立大学がこの日に誕生した。山形大学もその中の一つである。

インターネットで調べているうちに、「大学の創立記念日一覧（一月～一二月順番に並べてみた）」という記事が見つかった（末尾にURLを記す）。多くの国公私立大学の創立記念日が掲載されている。それによると法的に設置が承認された五月三一日と、その次の日の六月一日を創立記念日とする大学が多いことが分かった。この記事には、国立大学に限ると、前者には八校が、後者には一二校が挙げられている。東北地方の国立大学では、弘前大学と福島大学が前者であり、秋田大学と岩手大学が後者である。

なお、東北大学の創立記念日は六月二二日で、一九〇七（明治四〇）年のこの日、東北帝国大学設置の勅令が公布されたことにちなんでいる。また、一九六五（昭和四〇）年創立の宮城教育大学の記念日は一〇月一八日である。

さて、本学の開学記念日は一〇月一五日である。『山形大学五十年誌』に次のような記述があった。「第1節　荒波に乗り出して」、「3．山形大学の誕生」、「（4）あわただしい出発」の最後の節である。

「その他、予算や図書館運営規定などを急ぎ、一〇月一五日開学記念式典をつつましく行った。後に、開学記念日をいつにするかで各学部の意見をもとに評議会が協議されたが、記念式典をやった日くらいでどうかということになる。奇しくもこれは師範の全国的な開学記念日に画一化された日であり、知ってか知らずかおかしな日に決めたものだ。」（一八ページ）

この第1節の著者は、記念誌発行実施委員会委員であった教育学部教授の石島庸男（つねお）先生（故人、1941 – 2009）である。石島先生は教育史を専門としており、一〇月一五日は「師範の全国的な開学記念日に画一化された日」であることをご存知だったのであろう。しかし、どうして本学が，おかしな日，であるこの一〇月一五日に開学式典を実施したのかについての情報は、各部局の五〇周年誌などを調べているのだが、未だ得ることができていない。

【参考URL】

1．大学の創立記念日一覧（一月～一二月順番に並べてみた）
https://tubuyaki3.com/university-anniversary-of-founding/

【参考文献】

1．山形大学創立五十周年記念誌発行実施委員会編集、一九九九：山形大学五十年誌、山形大学創立五十周年記念事業実行委員会発行、八二六ページ。（非売品）

（二〇二一年一〇月一〇日）

# 4 旧制山形高等学校の新制大学移行について

先月（二〇二一年一〇月）の一六日（土）の午後、オンラインで「ティーデマン・ふすま賞」の受賞講演会が開催された。今年度は三名が受賞されたが、その中のお一人、豊田龍平さんの受賞論文名が「新制国立大学山形大学の創設過程」とあったので、本学の創立時の状況に興味を持っている私は、豊田さんの受賞記念講演をワクワクしながら聞かせていただいた。

初めに「ティーデマン・ふすま賞」のことである。この賞は、本学同窓会組織の一つである「ふすま同窓会」が授与している。学生の学術研究の奨励を目的とする賞で、優秀な公募論文に授与される。旧制山形高等学校（以下、山高）時代の一九二二年から一九三一年まで、ドイツ語担当のドイツ人教師であったハンス・ティーデマン（Hans Tiedemann）先生を記念する賞である（ふすま同窓会の同賞のURLを末尾に記す）。一九五九（昭和三四）年に教職員有志により「ティーデマン委員会」が設立され、「ティーデマン賞」として授与したことに始まる。一時中断したものの、一九八七（昭和六二）年からはふすま同窓会がこの顕彰事業を引き継ぎ、名称を変更して現在に至っている。今年度は53回目の授与となる。

受賞講演会では、私の都合で三名の受賞者のうちお二人の講演しか聞けなかったが、お二人の研究とも大変内容が濃く、多くのことを学ぶことができた。

豊田さんの研究は、新しく発見された「山形高等学校大学昇格期成同盟会日誌（並大学関係同窓会日誌）」への考察を基に、本学の創立過程を丹念に追ったものである。発見されたこの文書は、豊田さんが既に本学紀要に印刷している（末尾に文献を示す）。以下の節は、豊田さんの研究のあらましである。

戦後学制改革が行われるにあたり、山高は当初単独で文理科大学への昇格を望んでいた。その後、高橋里美校長による方針変換があり、東北大学へ包摂されることを企図した。すなわち、「ジュニアカレッジ」化であり、帝国大学進学に向けた予備的な教育の場が旧制高校であるとする立場を維持しつつ、戦後日本の教育に求められた新たな役割の一つである教養教育の主要な担い手として期待するものであった。本学五十年誌によれば、旧制弘前高等学校（弘高）も同じように希望していた。しかしながら、その後、東北大学が山高や弘高を包摂することを断念する。これには、GHQ－CIE（民間情報教育局）の意向が働いていた。結局山高は、〝一県一大学〟の原則通り、米沢工業専門学校（前米沢高等工業学校）、山形師範学校、山形青年師範学校、そして山形県立農林専門学校とともに、新制山形大学に移行することになった。

　この激動の嵐の中で、重要な役割を担った（担わされた）のが、上記高橋里美（哲学者、故人、1886－1964）である。山高第八代校長（1947.10－1948.7）であり、東北大学第九代総長（1949.4－1957.6）でもある。当時の高橋は、山高と東北大とを兼務しており、山高のジュニアカレッジ化を推進した。高橋は就任から一年も経たずして山高の校長職を離れるが、これにはその構想に反対する当時の文部省の意向が強く働いたように私には思える。

山形大学の創立過程には、波乱万丈の物語があったのである。

【参考URL】

1．ふすま同窓会「ティーデマン・ふすま賞」 http://www4.plala.or.jp/fusuma/aboutus/tiedemann.html

【参考文献】

1．豊田龍平、二〇二〇：山形高等学校大学昇格期成同盟会日誌（並大学関係同窓会日誌）。山形大学歴史・地理・人類学論集、二一、六七－九四．

（二〇二一年一一月一〇日）

## 5 小白川キャンパスのイチョウ並木と教養坂

　小白川キャンパスの北側半分には多くの建物が建っている。それらを東西に貫くように西門（正門）から東門にかけてモールとなっている。その中央部には南北に走る段差があり、キャンパスは低位の西側と高位の東側に分かれる。モールにある段差は、東側に旧教養部があったことから、〝教養坂〟と呼ばれているのだそうだ。

　このモールには三二本のイチョウが植えられている。低位の西側に二列で二四本、坂から高位の東側に一列で八本である。なお、基盤共通教育三号館の南側に五本、正門を入った左側にも一本のイチョウがある。これらのイチョウが一〇月末から一一月いっぱい、見事に黄葉してキャンパスを彩った。キャンパスに集う人は、毎年このイチョウの黄葉を楽しんでいるに違いない。

さて、このイチョウのことで、現在私は四つの不思議（?）を持っている。

第一の不思議は、黄葉が低位の西側のイチョウが早く、高位の東側のイチョウで遅いことである。およそ一～二週間ほど低位のイチョウの方が早く黄葉した。もちろん、個体差はあるのだが、この時間的ずれは明瞭であった。坂を挟んだ高低差はたかだか一～二メートルなので、気温差がそんなにあるとは思えないし、傾向も逆である。一体何が原因なのだろうか。

第二の不思議は、男女共同参画推進室副室長の柿崎悦子先生からのメールの中にあった「小白川キャンパスのイチョウの葉は、他所のイチョウより小さいのでは」との指摘だった。改めて見てみると、なるほど小ぶりに見える。これはどうしてなのだろう。

第三の不思議である。黄葉が始まったころ、昼食を済ませてモールを歩いていると、総務部秘書広報室係長の小松昌弘さんとすれ違った。小松さんは「残念ながらこのモールには雌のイチョウも植えられているんですよね」と話してくれた。確かに、雄の木々に混じって、銀杏の実が取れる雌のイチョウもある。私が見るところでは、モールにある三二本のうち、雌のイチョウは四本だと思うのだが。一般に街路樹には臭いの関係で雄のイチョウが選ばれるという。キャンパスへ植樹するとき、なぜ雌のイチョウ数本が雄の中に紛れ込んだのだろうか。

第四は、不思議というより単純に疑問である。すなわち、そもそも、いつ、どなたが、どのような意図（考え）でこれらのイチョウを植樹したのであろうか。これにはきちんとした答えがあるに違いない。もし、ご存知の方がおられるのであれば教えていただけないだろうか。

ところで、教養坂のことである。私はこの付近に断層があるとは聞いていなかったので、河岸段丘だろうと思っていた。ある機会に、地理学・地形学を専門とする地域教育文化学部教授の八木浩司先生（現本学名誉教授）に聞いたところ、河岸段丘ではないという。小白川キャンパスは馬見ヶ崎川扇状地の上にあり、なだらかに傾斜する部分に当たっている。おそらく、旧制山形高等学校の創立時に、キャンパスを二つの面に整地したので、その間に段差ができたのではないかという。確かに、小白川キャンパス以外のところには、このような段差は存在していない。これについては山高創立時のことを調べると、何かしら情報を得ることができるのかもしれない。

（二〇二一年一二月一〇日）

## 6　花笠サークル「四面楚歌」演舞披露会2021

昨年（二〇二一年）一一月二〇日（土）の夕方、やまぎん県民ホールの大ホールで、本学花笠サークル「四面楚歌」の演舞披露会が開催された。当初用事が入っていたため参加できないと思っていたのだが、直前にそれが無くなり、急遽参加できることとなった。この演舞披露会は大変素晴らしく、来場した四〇〇名を超える人たちは大いに感銘を受けたことだろう。もちろん、私もその一人である。

　本学に勤めるようになって、花笠サークル四面楚歌の活躍ぶりを何度となく聞く機会があった。毎年行われる山形の代表的夏祭りで、東北四大祭りの一つである「花笠まつり」（八月五日から七日までの三日間）では、もっとも注目を集めている演舞団体の一つであるという。また、本学の入学式でも演舞を披露しており、その結果、多くの新入生が入部するのだそうだ。

　私はこれまで花笠まつりでのパレードをまともに見た経験がなかった。花笠踊りについても、みんなが参加できるタイプの踊りと、尾花沢の人たちが踊る笠を回すタイプの二種類がある、そんな程度の知識しか持っていなかった。

　ところで、仙台での踊りと言えば、〝雀踊り〟と〝よさこい〟の二つが有名である。雀踊りは五月中旬に行われる青葉祭りで、よさこいは九月ごろに開催される「みちのくＹＯＳＡＫＯＩまつり」で披露される。雀踊りは基本的な動作はあるものの、各団体が自由に創作する踊りとなる。青葉祭りには、東北大の留学生が参加している。留学生が雀踊りを学ぶ授業は〝国際共修科目〟の一つと位置付けられ、人気が高い。一方、よさこいも動きが激しく、各団体で自由に振付ができるので、工夫のしがいがあり、それがよさこいの最大の魅力であるという。

　すずめ踊りやよさこいに比べ、花笠踊りは自由な振付がしにくく、踊る動作もゆっくりとしたものにならざるを得ないと思っていた。それが、演舞披露会での踊りを見て、私の考えはまったくの的外れであることを知った。そもそも尾花沢の笠を回すタイプの踊りには、地域の違いにより五流派があるという。本部総務課秘書広報室の佐々木優翔さん(四面楚歌第九代部員)によれば、基本的な動作はあるものの、集団演舞は工夫次第で多種多様な表現をとれるという。確かに披露会では、趣向の異なるダイナミックな演技を次々と見ることができた。

一昨年はコロナ感染の第二波の真っ只中にあたり、花笠まつりは中止になった。昨年の花笠まつりは演舞団体を制限した野球場での開催となった。五つの団体が招待されていたが、四面楚歌はその一つであった。しかし、直前に本学で新型コロナウイルス感染症のクラスターが発生してしまい、参加を取りやめざるを得なかった。演舞披露会は、花笠まつりで踊ることができなかった想いを、コロナ禍においてもできることはないかと学生たちが自ら企画し、一昨年初めて開催したもので、今回が二回目の開催だった。中には、「イルミネーション花笠」や「名所で花笠」など、屋内の演舞披露会だからできるプログラムもあり、大いに楽しむことができた。今後は、花笠まつりなど屋外で踊りを披露することができたとしても、この演舞披露会を毎年行ったらどうなのだろう。定期演舞披露会である。今回と同様、きっと、多くの方たちが応援してくれるに違いない。

（二〇二二年一月一〇日）

## 7 AA制度の効果

昨年（二〇二一年）一二月二〇日（月）のお昼ごろ、私たち役員が詰めている部屋を、人事課副課長の柏倉弘喜さんに連れられて、この四月から本学で勤務を始める人たち九名が、挨拶のために訪問してくれた。皆さん、とても初々しく、本学での勤務を楽しみにしているように見えた。自己紹介を聞いて驚いたのは、九名中五名が本学の学生だったことである。その後、柏倉さんから資料をいただいたところ、今年の採用者は一一名で、うち転職する二名はすでに昨年一〇月から勤務しているという。その二名のうちの一名も本学出身者であった。すなわち、採用者一一名中六名が本学出身者なのである。

本学で学んだ人が、本学を就職先に選んでくれたというのは、本学関係者の一人として、とても嬉しいことである。職業として大学の事務職を選び、かつ職場として自分が学んだ大学を選んでくれたというのは、本学の事務の方々の働いている姿を見て、やりがいを感ずると評価しての事だろう。

さて、このように本学学生を本学の事務職に誘う状況を作り出した要因であるが、その一つに、アドミニストレイティブ・アシスタント制度、（ＡＡ制度）があるのではなかろうか。この制度は、本学が他大学に先がけて導入した制度である。私が本学のＡＡ制度を知ったのは前の大学にいた二〇一〇年一二月のことで、日本学生支援機構が出している月刊誌「大学と学生」（現在は廃刊）に掲載された、当時本学事務部におられた奥山利弘さんによる紹介記事（奥山、二〇一〇）を読んだからである。当時、私はこのＡＡ制度は大変良い制度であると思う、とのエッセイを書いている（花輪、二〇一六）。

奥山さんの記事によると、ＡＡ制度は、当時の結城章夫学長による「結城プラン２００９」において提案されたものだという。その趣旨は、「この制度は、国立大学法人山形大学が行う学生支援の業務に、就学に支障のない範囲において本学の学生を参加させることにより、学生の視点に立ったサービスも取り入れるなど学生支援業務の充実を図るとともに、学生の就業意識の向上を狙ったものですが、併せて学生に対する経済的支援も目的としている」とある。その結果、「大学内で職員とともに働く学生への期待としては、スタッフの一員として本学の学生支援業務や各種事業に参画願う中で、（中略）実際にＡＡを経験し大学職員の業務に興味を持った学生が、将来の職業として大学職員目指したいと職員採用試験にチャレンジする例も出てきている」のだという。二〇〇九年二月に導入したＡＡ制度であるが、導入直後から、所期に目的とした効果は現れていたのであろう。

私は奥山さんの記事を読み、前の大学でもぜひＡＡ制度を導入したいと思い、何度か本部にお願いしたことがあった。しかし、なかなか導入されず、結局制度化されたのは二〇一四年四月のことであった。山形大は先がけてＡＡ制度を導入した大学として、この制度を大事に運営していけたらと思う。本学で学ぶ優秀な学生に、本学事務部を就職先として選んでもらうためにも。

【参考文献】

1．奥山利弘、二〇一〇：山形大学における学生との協働による経済支援～アドミニストレイティブ・アシスタント制度～。『大学と学生』、二〇一〇年一二月号、日本学生支援機構、二六～三〇ページ。
https://www.jasso.go.jp/gakusei/publication/dtog/icsFiles/afieldfile/2021/02/16/daigaku562_07.pdf)

2. 花輪公雄、二〇一六：アドミニストレイティブ・アシスタント。『続 若き研究者の皆さんへ ―青葉の杜からのメッセージ―』、東北大学出版会、八七ページ。

（二〇二二年二月一〇日）

## 8 メディアミクスを活用した戦略的な情報発信

山形大学などの国立大学法人は、二〇〇四年の法人化以降、六年ごとに「中期目標・中期計画」（以下、中目・中計と略記）を作成し、活動内容を社会に公表することになっている。すなわち、中目・中計は、大学が社会に約束した活動方針とも言える。二〇二二年度は、第3期中目・中計期間の最終年度にあたり、この四月からは第4期の中目・中計期間が始まる。なお、本学の第4期中目・中計は既に文部科学省に提出済みで、今月中に認可されることになっている。

さて、中目・中計の教育と研究は四年目と終了時に、その他の〝業務〟については年度ごとに達成度が評価される。これを「業務の実績に関する評価」と呼ぶ。「令和二年度に係る業務の実績に関する評価」は、昨年一二月に「国立大学法人評価委員会」総会で確定し、大学側に通知された。評価は五段階でなされるが、本学は、四項目中二項目が「一定の注目事項がある」という上から二番目の評価、残りの二項目が「順調」の真ん中の評価であった。ほとんどの大学の、ほとんどの項目の評価は、「順調」の評価である。そんな中で「一定の注目事項がある」の評価が二つある国立大学は、八三法人（一〇の指定国立大学は除き、七つの大学共同利用機関を含む）中、金沢大学と本学の二大学のみであった。

この評価を公表するにあたって、上記法人評価委員会は総評を示すとともに、「特筆すべき点」や「注目すべき点」の好事例（GP：Good Practice）を公表している。本学からは「注目すべき点」として、このエッセイの表題に掲げた「メディアミクスを活用した戦略的な情報発信」が取り上げられた。メディアミクスとは、ウェブサイトやリーフレット、あるいは冊子、SNSなど、複数のメディアを、その特徴を生かして合わせ使うことである。本学は多彩なメディアで情報発信していること、学長会見でプレスリリースした件数に占める実際にメディアが報道した件数が目標値（58％）を大幅に上回った（74％）こと、SDGsを普及啓発するウェブサイトを立ち上げるなどにより閲覧数が前年度よりも一七〇万回多い七四〇万回になったこと、などが評価された。

大学には多様な才能を持った学生と教職員、医療従事者が集い、それぞれ工夫したやり方で多様な活動をしている。社会と密接な結び付きを持つ人も大勢いる。このような人たちの活動を、広く社会に伝えること、すなわち活動の「可視化」・「見える化」は、大学の大事な役目である。広く情報発信することで、次の高みへと到達することができるし、また、対象を広げるといった、いわゆる〝横展開〟をすることもできる。さらに、本学で学んで社会に巣立った多くの卒業生や本学に勤めた教職員も大勢いる。これらの方々に母校の現状と活動の様子を伝えることも同じく重要である。

本学本部の広報は、総務部秘書広報室が所掌する。矢作清広報担当理事の下、笠原明子上席係長と佐々木優翔一般職員の二人という少数精鋭で担っている。私事で言えば、「がっさん通信」のウェブサイト掲載をお願いしている。各部局においても、正確で迅速な情報発信に努めていると理解している。今回の評価を糧に、本学の更なる情報発信能力の向上に期待したい。

（二〇二二年三月一〇日）

## 9 三年ぶりに入学式を挙行

二〇二二（令和四）年度の本学入学式が、四月八日（金）、「やまぎん県民ホール」で開催された。まず午前一一時から小白川キャンパス以外の部局を対象として、その後午後一時三〇分から小白川キャンパスの部局を対象とした二部構成で行った。第六波と呼ばれるコロナ禍の中での開催であるので、他のほとんどの大学と同様、保護者の方の式典参加はお断りせざるを得なかった。その代わり、式典の状況はYouTubeでライブ配信が行われた。

式典中の学生の皆さんは緊張した様子であったが、式典が終わると学生同士や会場外で待っていたご家族の方と、入学式会場を案内する立て看板の前で、記念写真を撮るために待つ長い行列ができていた。行列で待つ皆さんは、笑顔、笑顔である。大学にとって入学式は、まさに新しい門出を祝う大事なイベントであることを実感した。

本学の入学式は二〇一九（平成三一）年四月以来、三年ぶりで開催されたものである。二〇一九年後半に中国で出現した新型コロナウイルス感染症（COVID—19）は、年が明けると中国からヨーロッパ各国へと飛び火し、さらには北米大陸へと拡大することとなった。日本でも、二月上旬に大型クルーズ船内での感染が報告され、その後全国に広がる兆しが見えてきた。緊急事態宣言が発出されるのは四月中旬以降のことであるが、二月末には小・中・高・特別支援学校に、一斉臨時休業（休校）措置が取られており、入学式の開催は望むべくもなかった。本学は、三月一〇日に、当時の小山清人学長名で入学式を行わない旨の案内がウェブサイトに掲載された。

二〇二一（令和三）年もCOVID—19の事態は好転しなかった。四月上旬はまさに第四波の立ち上がりの時期で、前年度と同様、対面での入学式は断念せざるを得なかった。本学は、二月二四日に「令和三年度山形大学入学式の中止のお知らせ」を掲載した。両年度とも、「新型コロナウイルス感染症拡大防止並びに新入生及びご家族の皆さま方の健康と安全を考慮し、開催しないことといたしました」なる文面である。

ところで、本学の入学式は、二〇一九年度入学式より、四月三日に行うことが決められていた。それまでは、各年度でバラバラの開催日であったが、小山清人前学長から問題提起があり、学生委員会の議論で開催日は固定日の方が望ましいとの結論になったのだという。当時の資料には、そのメリットとして以下のような点が挙げられた。「入学者及び保護者が、引っ越し、式典に参加等について早期から調整可能となる」「入学式の会場確保、準備が計画的に実施できる」「附属学校、他機関等との入学式の調整が容易となる」。

今年度の話である。当初使用を予定していた霞城公園内にある山形県体育館の使用が危ぶまれるとの状況であった。そこで別の会場を探したところ、山形駅西口にある「やまぎん県民ホール」を借りられることが分かった。しかし、四月三日は先約があるため、四月八日に開催することとしたのである。入学式を担当している立場としては、初々しい学生の皆さんの顔を見て、四月三日ではなかったが無事開催できて本当に良かったとほっとしているところである。

（二〇二二年四月一〇日）

## 10 小白川キャンパスのメタセコイア

四月のがっさん通信「折に触れて」（本書73ページ）で、小白川キャンパスの桜について触れた。調べている中で、キャンパス内の樹木配置図を施設部経由で財務部から入手することができた。ずいぶん古い資料なので現在の樹木配置を反映したものでなかったが、図から昔の小白川キャンパスには今以上に多くの種類の樹木が植えられていたことが分かった。特に興味を引いたのは、イチョウとともに、生きた化石と言われる「メタセコイア」も植樹されていたことである。

前に勤務した東北大では、全キャンパス合わせると、二五〇本ほどのメタセコイアがあった。なぜこんなに多いのだろうと、それらが植樹された経緯などを調べていた。その結果、多くの場合、植樹の理由が存在することが分かった。調査した内容は、一三回に分けて東北大時代の「折に触れて」の欄に掲載した。

以下、樹木配置図から、小白川キャンパスに植樹されていたメタセコイアの場所と本数を記す。

理学部1号館西側に、建物に沿って八本のメタセコイア並木があった。先端科学実験棟が建てられるのを機に、伐採されてしまったのであろう。

地域教育文化学部音楽校舎と文化ホールの間に、一本のメタセコイアがあった。これも文化ホール建設の際に伐採されたものであろう。地域教育文化学部1号館と基盤教育2号館の間の中庭にも、一本のメタセコイアがあった。「中庭緑地樹木改修（案）」なる図面には、青色で伐採する樹木の候補が記されている。この中にメタセコイアは含まれていないが、樹木を示す位置に「15.0X2.2」なる標記があった。この数値は、（メートルで示した樹高）X（胸高での幹回りの値）であろう。すなわち、樹高１５・０メートル、幹回りが２・２メートルである。この木も時期は不明であるが伐採されている。

体育館の前、今は仮駐車場となっているプールの東側に三本のメタセコイアがあった。保健管理センターの入口付近に東西に並んで二本、その南西側に二本の枝垂れ桜に挟まれた一本である。三本のメタセコイアとも既に伐採されている。

さらに、仮駐車場の西端の南に、一本のメタセコイアがあった。樹木を示す印の横には、赤字で「4.3.27伐採」と書かれていたので、平成四年三月二七日に伐採されたのであろう。

陸上競技場の南縁には現在一四本の桜があるが、その西端付近、野球場との境に一本のメタセコイアがあった。樹木を示す丸印には赤字の×印が付けられており、横には「H28.5.1伐採」と書かれていた。

以上、図面上の調べから、小白川キャンパスには一五本のメタセコイアがあったことが分かる。現在これらはすべて伐採されており、小白川キャンパスには一本のメタセコイアも残っていない。この中で、理学部1号館西側の八本、体育館前の一本、陸上競技場南縁西端の一本は、切り株がまだ残っており、ここに巨大なメタセコイアがあったことを伺わせている。成木が一本もないのは残念な気もするが、巨大な樹形に生育し、針葉樹なのに落葉もする、やっかいな、メタセコイアを早めに処分したのは、ある意味、先見の明があったと言えよう。

小白川キャンパスの昔を知るＯＢ・ＯＧの皆さん、メタセコイアを覚えていらっしゃいますか?

（二〇二三年五月一〇日）

【追記】

文中に記した「陸上競技場南縁西端」の切り株は、その後行われた陸上競技場や野球場の整備に伴い撤去され、現在は残っていない。

（二〇二四年四月二九日）

## 11 大学の施設を〝イノベーション・コモンズ〟に

小白川キャンパスの陸上競技場（グラウンド）の改修が完了した事を受け、五月二九日（日）、真っ青な空の下、オープニングセレモニーと記念イベントが行われた。今回の改修では、陸上競技場のトラック部分はイタリアのモンド社製の合成ゴムシート系全天候舗装（通称モンドトラック）となり、インフィールド部分はロングパイル人工芝仕様で整備された。以前とは比べものにならないほど良好な状態で競技を行うことができ、かつ快適な状況下での利用時間・利用期間も相当程度長くなるものと思われる。

オープニングセレモニーには、この整備事業の実現に尽力された方々と、今後大いに利用するであろう近隣の小中学校の校長先生や、地域の代表の方々も招待された。そして、本学附属小学校と附属特別支援学校の生徒も加わったテープカットでは、大西彰正小白川キャンパス長から高らかに施設の「コモンズ化宣言」がなされた。

さて、このオープニングセレモニーに、なぜ近隣住民の方々が招待され、テープカット時になぜ「コモンズ化宣言」が行われたのかであるが、これについては説明が必要かもしれない。

グラウンドは本学の施設ではあるが、今回の整備は地域の人たちへの開放を前提としたものであった。大学は地域発展のために中心的な役割を担うべきであるとの考えから、大学を「イノベーション・コモンズ（innovation commons）」化しようとする施策が進行中なのである。

〝イノベーション〟とは「技術革新」のことであるが、「それまでとは違った状況・状態にすること」との意味で使われている。〝コモンズ〟とは誰もが利用できる「公共のものや場所（公共財）」のことである。これらの語を二つ合わせることで、「革新をもたらすための公共の施設や場所」を意味し、それらの意味を込めて「共創拠点」と表現している。

昨年（二〇二一年）三月二六日に閣議決定された「第6期科学技術・イノベーション基本計画」の中で、「国立大学法人等の施設については、キャンパス全体が有機的に連携し、あらゆる分野、あらゆる場面で、あらゆるプレーヤーが共創できる拠点『イノベーション・コモンズ』の実現を目指す」と謳われた。そして、「国立大学法人等が自ら行う戦略的な施設整備や施設マネジメント等も通じて、計画的・重点的な施設整備を進める」とされた。

これを受けて文部科学大臣は、二〇二一年度から二〇二五年度までの五か年に対する「第5次国立大学法人等施設整備5か年計画」を二〇二一年三月三一日に決定した。この中で具体的な「イノベーション・コモンズ」のイメージを提出するとともに、国立大学法人等の施設整備は、「キャンパス全体をイノベーション・コモンズへ」をキャッチフレーズとして行うこととなったのである。

小白川キャンパスでは今年度も引き続き、陸上競技場の西側にある野球場やテニスコートなども改修されることになっている。ハード面での整備終了後は、適切な運営というソフト面での整備を行うことで、これらの施設を当初の目的であるイノベーション・コモンズとしての役割を十分に果たさせることが本学の役目である。

【参考文献】

1．文部科学省大臣官房文教施設企画・防災部計画課整備計画室、二〇二一：『共創』の拠点としてのイノベーション・コモンズの実現に向けて、公表資料、二〇二一年四月二三日。
https://www.nii.ac.jp/event/upload/20210423-03_Mext.pdf

（二〇二二年六月一〇日）

## 12 ウェブサイトへAIチャットボットを導入

本学のウェブサイトを訪問すると、画面の右下に緑の葉に覆われ茶色の幹を持つ木が現れる。この木は本学に多いヒマラヤスギ？ すると次の瞬間、目が出て、手が出て、足が出て、次に右手で頭（？）にあたる部分の後ろから、「ご質問はこちら！」と書かれたプラカードを掲げる。そしてこの一連の動作が繰り返される。このキャラクターは六月一日から登場したもので、〝チャットボット〟と呼ばれる〝プログラム（機能）〟を起動させるための本学独自のキャラクターである。このキャラクターをクリックすると、スマホ・アプリの〝ライン〟のようなイメージで、「何について知りたいですか？」とともに、さまざまな質問項目が出てくる。チャットボットとの対話の開始である。

チャットボットとは、チャット（chat）とロボット（robot）を組み合わせた造語で、お喋りロボット、対話型ロボットなどとも呼ばれる。チャットボットには、AI（人工知能）機能を持つものと持たないものとの二つのタイプがあり、本学で導入したのは前者である。ところで、後者は〝人工無脳〟型、時には〝人工無能〟型とも表現されるという。イヤハヤ、なんともすごい呼び名である。閑話休題。

さて、チャットボットの導入は、ウェブサイト上で本学に関する種々の情報を、簡単に、かつ素早く入手できることを期待してのことである。ウェブサイトを見て知りたい情報を探すことは実は容易ではない。知っている組織であればまだしも、知らない組織に関する情報を引き出す作業は大変である。

チャットボットは、何度もの質問を受けることで、ゲストの希望を学習し、できるだけ最短で知りたい情報にたどり着くように対応する。私は六月初め、登場して間もないころであるが、「創立記念日は？」と入れてみたが、残念ながら答えにたどり着けなかった。実はこれは当然のことで、チャットボットに関する本学の説明には、回答（対応）できる範囲がまだまだ狭いことが述べられていた。それでも、本学はAI型なので、多くの問い合わせがあればあっという間に効果が現れ、すぐに目的とした情報にたどり着くものと期待できる。それには学習〝量〟がものをいうので、多くの人がしつこく問い合わせを行うことが肝要である。

このチャットボットの導入は、本学が二〇二一年度から三年計画で進めているDX（デジタルトランスフォーメーション）推進の中の、業務運営領域推進プロジェクトチーム、アクセスフリーワーキンググループ（WG）の議論から出てきたものである。事務部では外部からの問い合わせに答える（応える）作業量も多く、これを軽減することは課題の一つであった。チャットボットは、これに対する切り札の一つとして期待できるものである。

ところで、チャットボットについて同WGのメンバーで本部事務部エンロールマネジメント（EM）部学生支援課の山口真主任（現在は米沢キャンパス事務部）に聞いたところ、キャラクターの愛称をそのうち募集したいと考えているのだそうだ。皆さん、素敵な愛称をぜひ考えてください。ところで、私も考えました。私が考え付いたのは「＊＊＊樹＊＊」（＊は伏字）です。私も応募しますよ。エッ、残念ながら、私には応募資格がない、ですって！

（二〇二二年七月一〇日）

【追記】

その後チャットボットの愛称募集が行われ、二〇二二年一一月一〇日、大学院理工学研究科の有我祐一先生提案の「おがるん」に決まったと本学ウェブサイトでアナウンスされた。有我先生は、「学生とともに思考を柔軟にし、成長していくことを東北弁の『おがる』（大きくなる・成長するの意）から着想し、ひらがなで愛らしさを表現してこの愛称を考えた」とのことである。

（二〇二三年一二月一日）

## 13 三年ぶりの対面でのオープンキャンパス

先月（七月）二三日（土）、小白川キャンパスと鶴岡キャンパスで、三年ぶりに対面でのオープンキャンパスが開催された。新型コロナウイルス感染症の第七波が襲来する中で、感染防止対策を行ったうえでの開催であった。参加人数を制限し、さらに参加者には事前登録をお願いした。今回のオープンキャンパスは、参加した高校生にとって、進路選択の際の重要な情報源となったのではなかろうか。また、対応した本学学生にとっても、自身が受けている教育・研究や学生生活の魅力を、高校生に伝えるというまたとない機会となったのではなかろうか。

さて、オープンキャンパスとは、将来大学へ進学したい高校生を主な対象とし、大学の施設を開放し、模擬授業や研究成果の紹介、そして学生生活の紹介と、大学で日常行われていることを知ってもらうためのイベントである。ここ二〇年くらいの間に、どの大学でも力を入れて行うようになった。インターネットフリー百科事典ウィキペディアによると、「日本では立教大学で初めて行われた」とあったが、開始した年の記載はなかった（末尾にＵＲＬを記す）。

前に勤務した東北大学のオープンキャンパスは全国屈指の規模であった。七月末に設定される二日間で、最近では六万人を超える参加者を得ていた。この参加人数は、国立大学では群を抜いて一位である。東北地方の高校の中には、学校行事の一環として学年全員（主には二年生）を参加させるため、バスを連ねて参加する高校もある。教員による模擬授業や高校教員に対する入試説明会などは教職員が対応するが、研究室の紹介や学生生活の紹介は、学生が主体となって行う。私の研究室でも、オープンキャンパスが近づくと、学生たちは今年はどんなところに力点を置いて研究を紹介しようかと話し合いを行っていた。オープンキャンパスは参加する高校生にとってとても重要なイベントであるが、対応する学生にとっても重要なイベントとなっているのである。

ところで、オープンキャンパスの英語表現である。インターネット上のある方（「ひきの・たけし」さん、URLを末尾に記す）の解説によると、英語の「open campus」は、話題にしているオープンキャンパスの意味はないので、和製英語であるとしていた。また、別のウェブサイトでは、英語での表現としては、「an open day at a university」や「a visiting day at a university」がより適切な表現ではないかと提案されていた。

冒頭に記したように、今回のオープンキャンパスは、新型コロナウイルス感染症の第七波の中での開催であった。オープンキャンパス当日は、保健管理センターでは所長の牧野直彦先生や看護師さんたちが待機していたが、参加者や大学側の誰一人として世話になった人はいなったということである。また、オープンキャンパスで新型コロナウイルス感染症に感染した事例も発生していないとのことである。これは、対策をきちんとやれば感染を防ぐことができるということを証明したものであり、秋に開催予定の大学祭も対面で行えることを示唆したものと言える。

【参考URL】

1．ウィキペディア（Wikipedia）のオープンキャンパスの説明
https://ja.wikipedia.org/wiki/

2．「ひきの・たけし」さんの「『オープンキャンパス』って英語として通用するの」
https://www.waeijisho.net/essay.html?id=13

（二〇二二年八月一〇日）

# 14 学長補佐制度の導入

米国では、大学の学長や学部長は、学内の教員から選ばれるのではなく、公募で学外から選ばれることが多い。中には、学長や学部長として大学を渡り歩く人もいるという。活発に研究を行っている人が大学の管理者に移行する例は、そう多くはない。それでもそのような一人として私の知っている米国ウッズホール海洋研究所のJ・ルイテン博士を挙げることができる。彼は研究で活躍中の一九八〇年代半ば、同研究所の海洋物理学部門のヘッドに就任し、以後研究からは遠ざかった。同氏は一九八三年に、J．ペドロスキー、H．ストンメルと共著で「ventilated thermocline theory（通気水温躍層理論）」を提案した論文を出版した。これまで千回以上も引用されたこの論文は、海洋物理学の研究者なら誰もが知っている論文である。

さて、日本での大学運営は、その大学に勤めていた教員が中心となって行うのが通例となっている。学長であれば部局長経験者が、部局長であれば副部局長経験者が選ばれることが多い。しかしながら、下位役職の経験を積んでいるとはいえ、役職者として知っておくべき知識などをシステマティックに学ぶ機会がきちんと付与されていることは少ない。

このような背景を踏まえ、本学は昨年一一月に「経営人材育成方針」を学長裁定で定めた。「経営人材」とは企業の言葉のようだが、将来大学運営を担う（大学を経営する）人たちを育成しようとする方針のことである。本学はこの中で「学長補佐」制度を新たに導入し、年度プログラムの下で、計画的にこのような人たちを育成することを決めた。今年度は各部局から推薦された七名の方が「学長補佐」として任命された。

学長補佐としての勤務日は、教育研究評議会の開催日（八月は休会なので一年で一一日）と、八月と三月の各一日を加えた計一三日である。勤務場所は法人本部棟とし、対面での活動を重視した。プログラムは、①学長・役員による研修（講話）、②役員会や役員朝の会、そして教育研究評議会への陪席、③与えられる諮問に対してグループ討議で答申をまとめること、の三項目からなる。一言で言えば、本学は今、どのような重要課題を持っているのか、どのようなプロセスで意思決定を行っているのか、課題に対してどのような考慮から施策が決定されているのか、を具体的に体験してもらうプログラムである。
先月（八月）の一〇日（水）、今年度前期の活動のまとめとして、学長補佐と学長・役員の間で、諮問に対する答申の発表会と懇談会が開催された。今年度前期の諮問は、「本学のカーボンニュートラルに向けた姿勢と具体的方策について」と、「学術研究院に置く学系の在り方について」の二つであった。発表の内容から、双方の課題とも大変丁寧に議論していただいたことが分かった。前者のカーボンニュートラルの課題では、教育分野や研究分野で、すぐにでも採用できる施策の提案がなされていた。後者の学術研究院の課題では、学系を置くにあたっての問題点や検討すべき課題が、極めてよく整理されていた。この諮問・答申の項目は、後期にも課題を変えて行われる。学長補佐の人たちの議論に大いに期待したい。

（二〇二二年九月一〇日）

## 15 異分野間連携・融合研究の促進に向けて

学問がどんどん進行するにしたがい専門性が高まり、他の学問分野の人にとっては理解し難い事態になる。その典型的なものは専門用語（technical term）とか業界用語（jargon）と呼ばれるものであり、これが分からないと話はちんぷんかんぷんとなる。さらに、専門用語ばかりでなく、日常の言葉で話していても、特別のニュアンスが付与されている言葉の場合、これも他の分野の人は違和感を持つ状態になる。

私は地球物理学の中でも海洋物理学を専門としているが、学位審査などで依頼されて地震学や火山学の分野の話を聞くこともあった。そこで知ったことは、特に地震学の分野では、「調和的」なる言葉を好んで使っていることである。「今回の研究で得たこの結論は、これまで得られている知見と調和的である」のように用いる。この分野では、英語でも「～ is in harmony with ～」なる表現で世界中の研究者が使っているという。さて、私の分野でこの表現を使ったらどうだろうか。私はこれまで講演でこの表現を聞いたこともないし、論文の中でこの表現を見たこともない。もし、論文にこの表現を使ったなら、そんな曖昧な（blurred）表現はしないで、もっと断定的に、どの程度合うのか合わないのか、数値を用いて表現しなさい、と査読者

（reviewer）から指摘されるだろう。

　異分野間でのコミュニケーションは大変難しい。しかし、それでもお互いに交流し合うことで、言葉の壁は乗り越えられる。そして、異なる分野を専門とする研究者が共通の課題にアプローチできるのであれば、大変素晴らしいことである。互いの知識と、持っているスキルと、そしてそれらを活かす知恵を動員することで、課題解決の道のりは短く、かつその解答はより洗練されたものとなろう。実際、研究グループを構成する人たちの多様性が、よりよい成果を産み出すことが知られている。ジェンダー、人種・民族、出身の国などなど、多様な人たちが集まるグループの強さである。異なる学問分野の人からなる研究チームにも同じことが言える。このようなグループの研究は、異分野連携研究や異分野融合研究などと呼ばれている。近年、多くのところで異分野間での連携や融合した研究の優位性が示され、科学研究費補助金の大型研究などで、政策的にこれを推進するよう働きかけがなされてきた。

　さて、先月（九月）二九日（木）午後、本学で初めて異分野の交流を狙った「山形大学異分野交流学会」が開催された。開催には本学本部研究部（一〇月から研究情報部と名称変更）に実行委員会を作り、学内の研究者・学生をはじめ、学外の企業・市民の方へも参加を呼び掛けた。二部構成で、第一部が学内の卓越した研究グループである「ＹＵ－ＣＯＥ（Ｓ）」に認定されている七グループの発表、第二部は若手研究者を中心とした人たちによる三〇件のポスター発表である。参加者は学内研究者が多いように見受けられたが、先生に引率されたＹ高校の三人の生徒さんが熱心に講演を聞き、ポスターを見ていたのが、印象的であった。このようなイベントを機会に、本学内でも多くの異分野連携・融合研究が盛んになることに期待したい。

（二〇二二年一〇月一〇日）

## 16

# 三年ぶりの大学祭

　大学祭は学生にとって一年のうちで一番ワクワクするイベントの一つだろう。音楽などのパフォーマンスを行うサークルにとってはお披露目の場であるし、運動サークルの中には飲食物を提供して活動資金を得るところもある。当然のことながら、大学側も大学祭は学生の成長にとって極めて有益であるとのことで、各種支援や便宜を図っている。

本学は分散キャンパスであることから、米沢・小白川・鶴岡の各キャンパスで別個に大学祭が行われている。今年度は三キャンパスとも三年ぶりに対面で行われた。なお、保健管理センター所長の牧野直彦先生にお聞きしたところ、医学部のある飯田キャンパスでは、医学部設置当初は大学祭を行っていたが、ここしばらくは開かれていないとのことであった。

米沢での大学祭は、工学部、米沢女子短期大学・米沢栄養大学（ともに山形県立）の三大学合同で行われるもので、吾妻祭《あづまさい》と呼ばれている。今年（二〇二二年）は、一〇月八日(土)に米沢女子短期大学キャンパスで、九・一〇日（日・月）に本学米沢キャンパスで行われた。米沢キャンパス事務部総務課副課長の鈴木啓信さんによると、両日で一五〇〇名ほどの参加者があり、大変盛況だったとのことである。また、吾妻祭に合わせ八日（土）に行った〝工学部父母等の集い〟にも二〇〇名の参加があり、国の重要文化財となっている旧米沢高等工業学校本館を紹介したところ、ほぼ全員が見学してくれたとのことであった。

鶴岡キャンパスの大学祭は鶴寿祭《かくじゅさい》と呼ばれ、一一月五・六日（土・日）に開催された。鶴岡キャンパス事務部学務担当の係長那須奈緒さんによると、三年ぶりの開催ということで、鶴寿祭を経験していない人たちが実行委員会を作り、過去の資料を手がかりに手探りで開催したとのことである。この祭りには二日間で約八〇〇名の参加者があり、また、学生の飲食の出店はなかったものの、キッチンカーが五台も出て、参加者は大いに楽しんだという。

一〇月二二・二三日（土・日）の二日間は、小白川キャンパスで八峰祭《やつみねさい》が「異世界」をテーマとして開催された。私も二二日の午前に、モールのイチョウが色づき始めたキャンパス内を歩いてみた。キャンパスモールには総合受付があり、予め登録していなかった人は氏名と電話番号を書くことになっていた。両日とも、午後の時間帯で一時雨に見舞われたが、実行委員会の把握では、総計で二五〇〇名を超える人たちが祭りを楽しんだという。学生の皆さんも、それぞれの役割と立場で大いに楽しんだのではなかろうか（末尾にＵＲＬを記す）。

第1体育館には発表ステージが準備され、時間を区切っていろいろなサークルのパフォーマンスが行われていた。私は競技舞踏部の時間に入ったのだが、入り口で検温が行われた。また、出口は体育館の東側に設けられ、出口を出ると手指消毒のためのアルコールが備え付けられていた。八峰祭実行委員会は新型コロナウイルス感染症対策に十分に気を遣ってくれたようである。

私が学生として大学祭に参加したのはもう五〇年以上も前のことである。入学後はストライキや講義棟の封鎖が頻繁になされ、授業はほんの数か月の期間しかなかったが、大学祭はしっかりと行われた。クラスの有志で大学芋を提供する屋台を出した。利益を上げたと思うのだが、これをどんなことに使ったのかは全く思い出せない。何に消えたのだろうか。

来年こそはマスクなしの大学祭ができるといいですね。

【参考URL】

1．八峰祭の開催報告記事

https://www.yamagata-u.ac.jp/jp/information/event/report/20221101/

https://www.yamagata-u.ac.jp/exchange/information/facility/kojirakawa/fc00056/458/

（二〇二二年一一月一〇日）

## 17 「山形大学統合報告書2022」の発行

最近、多くの大学で「統合報告書」を発行するようになった。本学でも、今年一〇月下旬、初めてとなる統合報告書（四八ページ）を発行した。この統合報告書本体と、参考資料である別冊ファクトブック（Factbook）は、本学ウェブサイトからPDFファイルをダウンロードできる（末尾にURLを記す）。「統合報告書」の英文名は「Integrated Report」なので通常IRと略される。Integrated Resort（統合型リゾート）やInstitutional Research（機関研究）のアクロニム（頭字語）もIRであるので紛らわしいのだが、以下本稿ではIRと記す。

しばらく前から、大学には財務状況を示す「財務諸表」を公開することが義務付けられていた。しかしながら、財務諸表は単なる数字の羅列であるので、そればかりでは大学の活動状況は分からない。そこで、どのような活動をしてそのようような収入・支出になったのか、さらにはその活動をどのような意図と目的で行ったのか、将来ビジョンはどのようなものであるのか、などを伝えることが重要ではないかということになった。すなわち、財務情報と非財務情報と合わせて示すことで、大学の活動を紹介しようとしたのである。

このような考え方は既にだいぶ前から産業界では行われていた。企業は投資家に対し、財務情報のみならず諸活動や将来展望（ビジョン）を示したＩＲを作成・公表することで、健全な企業経営をアピールし、投資を呼び込もうとしているのである。検索エンジンでキーワードとして〝企業名〟と〝統合報告書〟とを入れて検索すると、すぐにＩＲにたどり着くことができる。各社とも、さまざまな工夫をしてＩＲを作成している。大学は営利企業ではないが、遅ればせながらこのような動きを追ったものである。

さて、本学のＩＲのことである。編集・発行を担当しているのは総務部企画ＩＲ課で、戦略本部評価・ＩＲ室が支援している。毎年テーマを設定して発行することとし、今年度は「社会共創」をテーマに選んだ。玉手英利学長が掲げる将来ビジョンは「つなぐちから。山形大学」であり、社会共創は最重要課題である。当然のことながら、本学の第４期中期目標・中期計画の〝一丁目一番地〟も社会共創としている。ＩＲでは、学長、社会共創推進室を所掌している大森桂副学長、社会共創推進室の下平裕之副室長（人文社会科学学部・教授）、川田正之副室長（企画ＩＲ課・課長）、伊藤雅彦室員の五名による対談のほか、社会共創の基本方針、やまがた社会共創プラットフォームなどを紹介している。

別冊のファクトブックは、外部から本学の状況を容易に判断できるよう、本学にかかわる多くの情報を参考資料としてまとめたものである。このファクトブックは、昨年度は「Annual Report」（年次報告書）の別冊として作成したが、今年度からはＩＲの別冊として、さらに多くの情報を盛り込んで作成した。次年度以降も掲載する情報を充実させることとしている。

ＩＲは、本学の構成員のみならず、本学にかかわる方々、興味を持ってくださる方々、すべての人たち（ステークホルダー）に向けて、本学の情報を掲載したものである。今年度の、そして次年度以降のＩＲを楽しみにしていただきたい。

【参考ＵＲＬ】

１．統合報告書２０２２とファクトブック
https://www.yamagata-u.ac.jp/jp/university/open/agreement/2022/

（二〇二二年一二月一〇日）

18

# 加藤セチ博士顕彰シンポジウム

先月（二〇二三年一二月）の二六日（月）、小白川キャンパスで本学ダイバーシティ推進室主催のシンポジウムが開催された。副題は標記「加藤セチ博士顕彰シンポジウム」である。第一部は、昨年五～六月に、山形新聞「やまがた　再発見」の欄に、加藤セチの生涯について三回にわたり連載した、山形県産業科学館館長の宮野悦夫先生による「加藤セチの生涯と功績」と題する基調講演。続く第二部は、四名の女性パネリストによるパネルディスカッションで、ダイバーシティ推進室長の大森桂副学長がコーディネーターを務めた。

加藤セチ博士（以下、セチと表記）については、がっさん通信「折に触れて」のNo・12、「山形女子師範学校時代の加藤セチは？」を参考にされたい。ごく簡単に紹介すると、セチは一八九三年本県三川町の生まれ、山形女子師範学校（現本学地域教育文化学部）、東京女子高等師範学校（現お茶の水女子大学）、北海道帝国大学（現北海道大学：北大）で学び、理化学研究所（理研）に入所し、研究員、主任研究員を務めた。北大最初の女子学生であり、理研でも初の女性研究員であり、主任研究員であった。また、セチは日本では三人目の女性理学博士であり、夫と子供を持つ、すなわち家庭を持つ女性では第一号であった。セチは「女性科学者のパイオニア」などと称される。三川町はセチの功績を称え、第一号となる名誉町民の称号を一九六八年に授与した。また、理研では、二〇一八年から若手女性研究者に自由な発想で研究に打ち込める環境を与える「加藤セチプログラム」を開始している。

宮野先生の基調講演は、セチの生涯を四期に分けて解説したもので、私は多くのことをこの講演から学ぶことができた。宮野先生は講演を、「科学者として、人間として、女性として、三位一体として生きた加藤セチのメッセージを受け止め、子供たちに伝えていくべきである」と結んだ。まったく同感である。参加された一二〇名の参加者も、宮野先生の講演のこの結びに納得したのではなかろうか。

第二部のパネルディスカッションに参加された四名の方は、本学地域教育文化学部を卒業後、山形市内の小学校で教鞭をとられている渡邊史子先生、県立山形西高等学校（西高）出身で、大学で生物学を学び博士号取得後、ポスドク（博士研究員）を経て本学理学部に着任された河合寿子准教授、本学農学研究科修士課程二年で、現在ドイツ・ハノーバー大学に留学中の長谷川水輝さん、そして西高二年の近藤果音さんである。それぞれの方からご自分が歩んできた道を、その時々の決意・決断、困難さや苦労を交えて紹介してくださった。必ずしも順調ではなかったと思うのだが、皆さんがそれらを〝明るく振り返っている〟ことに感銘を受けた。近藤さんは本学理学部の〝リケジョプロジェクト〟に参加する中から、「根本的な論理性などを学べる理系」への進学を考えており、最終的に研究者を目指したいという。この近藤さん、西高の中で立候補してこのシンポジウムのパネリストとなったのだという。その積極性、なんと頼もしいことか。

　本シンポジウムは大成功だったのではなかろうか。シンポジウムを企画し、運営してくださった皆さんに感謝したい。そして、第二弾、第三弾のシンポジウムにも大いに期待したい。

（二〇二三年一月一〇日）

## 19 教職員研修について

　二月一日（水）に開催された教育研究評議会において、個人情報保護を担当する私と、情報セキュリティを担当する矢作清理事の連名で、これら二つの事項に関して全教職員に対する研修を行うとのアナウンスを行った。研修には、一〇分から二〇分の長さの四つの教材からなる動画とチェックリストを用いる。全教職員は基本的な事項を解説した動画二教材を、個人情報保護管理責任者（部局長クラス）と保護担当者（事務部長クラス）は、今回の法改正のポイントなどを説明した二教材を加えた動画四教材を、それぞれ視聴することになる。

　本研修を行う背景は、まず、個人情報保護に関する国の法律が改正され、二〇二二年四月一日から施行されたことが挙げられる。この改正を一言で言えば、国立大学法人は今までは国の行政機関と同じような対応をしていたのが、改正後は民間事業者と同じ対応を取ることになったことである。この改正に伴い、昨年三月に、学内の規定も全面的な改正を行った。本研修は、この大幅な改正を理解するためのものと位置付けられる。また、情報セキュリティに関する研修は、近年益々巧妙かつ悪質になってきているサイバー攻撃に対処するためのものである。既にウェブサイトで公表しているように、昨年、残念ながら本学においてもサイバー攻撃を受け、個人情報漏洩の可能性を否定できないインシデント（事案）が発生している。本研修はこのようなインシデントを二度と起こさない再発防止策の一つの施策でもある。

全教職員は、本研修を受講し、ぜひ双方に対する理解を深めてほしい。

ここで話は変わる。教員に対する実態調査によると、教員が研究に割ける時間が年を追うごとに少なくなっている（文部科学省、二〇一九）。二〇〇二年は、職務活動の中で研究に割く時間は46・5％であったものが、二〇一八年は32・9％まで下がったという。増えたのは教育と診療活動などの「社会サービス活動」であり、学内事務等の「その他の職務活動」の率は変わらなかった。しかし、社会サービス活動の大幅な増加は、学問分野で言えば医療系を含む保健系に限られるのだそうだ。このデータをさらに深堀して調査分析した報告によると、学内会議や学内業務に従事する「その他の職務時間」を優先して効率化することが、研究時間の確保に有効であることが分かったという（山本、二〇二〇）。すなわち、「その他の職務時間」に分類される学内業務は、研究時間を〝細切れ化〟するものであるからだという。細切れの研究時間では、同じ時間の長さでもまとまった研究時間には質的に及ばないというもので、これは私も実感として同意できる。

近年、安全保障輸出管理、利益相反マネジメント、ハラスメント、研究インテグリティなどなど、多くの事項で研修が行われるようになった。多くの研修を教職員にお願いすることになるが、研究時間や業務時間を可能な限り細切れ化しないような工夫と方策を考える必要がある。今後は、少なくとも数々の研修の年間スケジュールなど全体像を示した上でお願いしなければならないと考えている。これは研修をお願いする側の重要な課題である。

【参考文献（URLは省略）】
1．文部科学省、二〇一九：平成三〇年度大学等におけるフルタイム換算データに関する調査（概要）。令和元年六月二六日、一二ページ。
2．山本弦、二〇二〇：大学等教員の研究時間の制約認識への影響に関する要因分析。一二ページ。
（二〇二三年二月一〇日）

## 20 散策と落語のイベント

今月（二〇二三年三月）の三日（金）、本学主催の特別イベント、「文学と歴史の舞台　深川を歩く」に参加した。この特別イベントは本学学術研究院教授山本晴史先生が中心となり、二〇一二年度から行ってきたものである。山本先生のご専門は日本文学であり、小説家藤沢周平の研究で知られている。本イベントは「本学の広報活動並びに社会連携活動の一環」として行われ、「江戸の面影を残す東京を中心にした街歩きと落語口演」からなっている。

今回のイベントは、二〇一九年三月の開催から四年ぶりの現地での開催であった。二〇二〇年は、年が明けるとすぐにCOVID―19の世界的流行（パンデミック）となり、中止をせざるを得なかった。二〇二一・二二年も現地での開催は不可能となり、オンライン開催を強いられた。山本先生がガイドとなったバーチャルな散策と、画面を通した落語口演である。それでも多くの本学OB・OG、そして関係者が参加されたという。この二年間のイベントのテーマを記しておく。

二〇二一年三月六日（土）：「隅田川両岸バーチャル散歩」、桂伸治師匠の落語口演（テーマは「落語に探る江戸の息遣い」）「長屋の花見」と「あくび指南」の二席

二〇二二年三月六日（日）：「文明開化の舞台　横浜を歩く」、桂伸治師匠の落語口演（テーマは「江戸から近代へ」）「初天神」と「宿屋の仇討」の二席

今年のイベントも二部構成で、第一部は「深川町歩き―水辺が生んだ文学世界」と題する「文学散歩」である。散策は一〇時開始のA班と、一二時四〇分からのB班の二班で行われた（定員は各々四〇名）。第二部は一四時四〇分からの桂伸治師匠による落語口演と、伸治師匠と山本先生による対談、「江戸文化と隅田川東岸」である。

私が参加した散策は午後からのB班であった。散策は、清澄庭園内大正記念館に集合したのち、深川周辺の江戸の文化や歴史を物語る史跡のいくつかを見学した。散策の最後は深川江戸史料館で、再現された江戸時代の長屋を見ることができた。散策を通して、山本先生の軽妙で話題が尽きないそのガイドには、皆さん大いに楽しんだものと思う。

第二部の伸治師匠の落語は、「長屋の花見」と「あくび指南」の二席であった。その後の山本先生との対談では落語界の状況、コロナ禍時の寄席の状況、女性落語家や弟子の話など、バラエティに富んだものであった。お二人の親密な関係が滲み出ていた対談ではなかろうか。落語口演はずっと伸治師匠が行っているとのことで、その理由を山本先生にお伺いしたところ、長年本学の新採研修で講師をしていただくなど、深いお付き合いがあったとのことである。

参加された皆さんは、大いにこのイベントを堪能されたのではなかろうか。次年度以降も楽しみにしていただけたなら、本学関係者として嬉しく思う。

今回、私はイベント参加者側の立場で楽しませていただいた。本イベントは広報担当の矢作理事の指揮の下、総務課秘書広報室・校友会事務局の皆さんが中心となってお世話した。山本先生をはじめとし、開催の労を取られた関係者の皆さんに御礼申し上げたい。

（二〇二三年三月一〇日）

## 21

# 法人本部棟入り口を彩る生け花

小白川キャンパス法人本部棟へ正面から入ると、いつも真ん中のテーブルに生け花を鑑賞することができる。法人本部棟の正面は北側を向いて、かつ長い庇があるので、明るさの点からは外に比べてどうしてもうす暗くなるのだが、この生け花はその暗さを打ち消すように訪問者を和ませ、落ち着いた雰囲気を漂わせる。これらの生け花は、本学の「Ｃｌｕｂ華」の方々がボランティアで提供してくださっているもので、年間を通して途切れることなく、一～二週間ごとに取り換えられている。作品には、生けた方のお名前も表示される。私は生け花（華道）については何も知らないのだが、それでも作品を見るとほっとした気分になり、癒される。

さて、先月（三月）六日（月）から一〇日（金）までの五日間、「Ｃｌｕｂ華」の方々による「花展２０２３」が開催された。本部棟一階に配置された四台のテーブルと入口から見て左手の壁面を利用し、二〇点余りの作品が本部棟一階を飾った。この間、本部棟で勤務する教職員はもちろん、用件があって訪問した人も、大いにこれらの作品を楽しんだに違いない。

花展の掲示物に、「Ｃｌｕｂ華」結成の経緯が記されている資料があった。「以前から留学生の授業で生花の講師をしていただいていた越後恵美先生が、学内に生けてくださった花を見て、心を惹かれた職員数名が先生にご教示をお願いして、平成二一年八月に発足した」のだそうだ。結成以来、一四年が経とうとしている。年に一度の花展は、今回で一二回目となる。

花展２０２３の掲示には、感想や意見を求める記載があった。私は、まず「Ｃｌｕｂ華」の日頃の活動に感謝したいし、そして昨年に続き楽しませていただいた花展の開催にも感謝したい、どちらもずっと続くことを期待しています、とお伝えしたい。なお、昨年の花展の時、ひょんなことから結成のきっかけとなった越後先生と言葉を交わす機会を得た。「２０１１・３・１１追悼」のための作品なのだが、花の配列（配置）の意味が分からず、どう見ればいいのだろうと思わず呟いたところ、近くにおられた越後先生が聞きつけ、本学でも亡くなられた学生がいるので鎮魂のための作品なのです、と説明してくださった。先生のお答えは私のつぶやきの意味と違う観点であったのだが、本学でも「３・11」の犠牲者が出ていたことをその時初めて知った。

花展２０２３の翌週には、「Ｃｌｕｂ華」の世話人である本部事務部の小山和佳さんと、ウクライナからの留学生ナスチィアさんとアニャさんの作品三点が、入口正面のテーブルに飾られた。小山さんの作品はもちろん、留学生の作品も大変素晴らしい。ふと、華道や茶道、日舞、囲碁・将棋など、日本文化を味わい、そして理解するための授業が、留学生だけでなく日本人学生に対しても準備されていてもいいのではないか、と思ったのであった。

（二〇二三年四月一〇日）

## 22

# 生成ＡＩの出現

二〇二三年四月に入ると生成系人工知能(Generative Artificial Intelligence：生成ＡＩ）についておびただしい報道がなされ、現在も続いている。その直接のきっかけとなったのは、九日（日）に読売新聞が、一面トップに「チャットＧＰＴ　大学が対策／東大や上智大論文で利用制限」なる見出しで報じた記事である。三面には、「AIで論作文　見抜けぬ恐れ／チャットGPT　教育現場波紋」なる見出しの解説記事を掲載した。この報道後、新聞各紙は堰を切ったように連日多くの観点から報道を競った。

　生成AIは、大規模言語モデルと呼ばれる文字を認識するソフトを用い、インターネット上に存在する膨大なデータを学習し、質問された事項に対し、もっともらしい、滑らかな、文章を生成する。大手ソフト会社が開発を競っており、中でも話題となっているのが「チャットGPT」で、マイクロソフトが投資するOpenAI社の製品である。GPTとは、Generative Pre-trained Transformer（生成可能な事前学習済み変換器）の頭文字を連ねたもの。他社製品には、BingAI、Bardなどがある。

　OpenAI社は、昨年一一月にGPT―3をリリースした。このソフトを、たった二か月で一億人が利用したとのこと。さらに能力アップを図り、今年二月にはGPT―3・5を、四月にはGPT―4をリリースした。報道によれば、この半年間の能力向上は目を見張るものがあるという。最新モデルGPT―4は有料で、月二〇米ドルで利用できる。

　さて、事前学習はインターネット上に存在する膨大なデータ群である。真のデータも偽のデータも、差別的なデータ（表現）も、ありとあらゆるデータが学習に利用される。また、文章の生成には、単語（言葉）の出現確率や、単語の結びつき（相互関係）の強さを利用している。したがって、既に指摘されているように、生成された文書には、①偽の情報や差別的な情報も含まれること、②著作権を侵す危険性があること、③論理矛盾が出現する可能性があること、などの懸念がある。また、学習した（データを利用した）範囲内で文章を作成するため、データが少ない最近の出来事や事項に対しては、作成が苦手（不十分なもの）となる。

　小・中学校では読書感想文など、高校や大学ではレポートや論文などの作成時の利用が懸念されている。自らが思考する力や文章を作成する力が育たないのではとの心配である。このため、本学を含む多くの大学が、学生と教員双方に対して、教育におけるチャットGPTの使用を禁止したり、制限を設けたり、注意を喚起したりしている（本学のメッセージは末尾のURLで読むことができる）。

　東京大学の太田邦史理事・副学長は、生成AIについてのメッセージの中で、「人類はこの数ヶ月でもうすでにルビコン川を渡ってしまったのかもしれない」と表現した（末尾にURLを記す）。

　歴史的には、ルビコン川を渡ったカエサルは、最終的にポンペイウスに勝利するのだが、さて、人類と生成ＡＩとの関係性はどうなっていくのだろうか。直感的には、ここ一～二年の間で、〝合成生物学〟(Synthetic Biology) 分野における倫理形成と同様の、生成ＡＩにおける「作成上の倫理」や「利用上の倫理」を構築できるかが鍵となろう。この構築のために、すなわち、生成ＡＩとの共生に向けて、人類の英知を集めた対応を行う必要がある。

　米国の未来学者レイ・カーツワイルはシンギュラリティ（技術的特異点：ＡＩが人間の知能を凌駕すること）が二〇四五年に到来すると予測している。さてさて、どうなりますやら。


【参考となるＵＲＬ】

1．山形大学出口毅理事・副学長（教育・入試担当）のメッセージ「教育における生成系ＡＩの利用について」（二〇二三年四月一八日）
https://www.yamagata-u.ac.jp/jp/information/important/0418/

2．東京大学太田邦史理事・副学長（教育・情報担当）のメッセージ「生成系ＡＩ（ChatGPT, BingAI, Bard, Midjourney, Stable Diffusion 等）について」（二〇二三年四月三日）
https://utelecon.adm.u-tokyo.ac.jp/docs/20230403-generative-ai


（二〇二三年五月一〇日）

## 23 世界史の中に生きている —感染症・戦争・人工知能—

　私たちは日頃、歴史の中に生きている、などとはちっとも感じないのであるが、それでもある時、自分もこの時代に生きているのだ、と思えることがある。私の場合、過去の例を挙げれば、年号が昭和から平成に、そして平成から令和に変わった時、自分も日本の歴史の中に生きていることを実感した。それがここ数年、〝世界で起こっている出来事〟から、日本史どころか世界史の中で自分が生きていることを感じている。皆さんはいかがだろうか。

　〝世界で起こっている出来事〟とは、二〇一九年から始まり現在も続く新型コロナウイルス感染症（ＣＯＶＩＤ－19）、二〇二二年二月に始まったロシアによるウクライナ侵攻（プーチンの戦争）、そして二〇二三年になり広く認識された生成ＡＩ（または、対話型ＡＩ）の登場のことである。いずれも、世界中を巻き込んでの出来事となった。

　これまでも人類とウイルスとの闘いは何度も経験してきたが、ＣＯＶＩＤ―19はその規模から、一九一〇年代後半のスペイン風邪以来の出来事となった。世界保健機構（ＷＨＯ）のウェブサイトには六月初め現在、感染者七億人、死者七〇〇万人との数字が出ている。感染者の全数把握には程遠い国や地域が数多くあるので、この数字はかなり控えめなものに違いない。致死率は当初よりはるかに低くなったものの、現在もまだ収束も、ましてや終息も見通せていない。

　人類は〝争い〟の歴史であり、現在も紛争は世界各地で起きており、止むところを知らない。しかしながら、国連などの世界平和実現に向けた地道な活動の結果、少なくとも国家間での全面戦争の事態は避けられてきた。それがどうであろう、二〇二二年二月二四日、ロシアは「特別軍事作戦」と称してウクライナに侵攻した。しかし、ウクライナへの北大西洋条約機構（ＮＡＴＯ）諸国の全面支援もあり、一年以上経った今でも戦いは続き、プーチンもこの状態は「戦争」であると認めざるを得ない事態となっている。

　人工知能（artificial intelligence：ＡＩ）という言葉は一九五〇年代に生まれたという。そして二回のブームを経て、現在は第三次ブームなのだそうだ。二〇二二年一一月、ＯｐｅｎＡＩ社は生成ＡＩの一つであるＣｈａｔＧＰＴを公表した。その後、その能力の高さから、生成ＡＩの社会への影響についての論争がとどまることを知らず、現在も続いている。時事通信社によると、五月三〇日には、ＯｐｅｎＡＩ社のＣＥＯなどの開発会社の責任者や、「ＡＩの父」と称される大学研究者たちが連名で、「ＡＩが人類を滅亡させるリスクの軽減は、核戦争と並び世界的な優先課題であるべきだ」との警告を発するまでに至った。

　これら三つの出来事は、大学の教育・研究現場においても影響の大小や、直接・間接の違いはあれ、「転機」になる（なった）出来事である（あった）。ＩＣＴ環境の整備の下、オンラインで大半の授業を行う形態が出現したこともその一つ、戦争が改めて資源の偏在を顕在化させ、エネルギーの高騰や危機を招いたのもその一つ、考える力と表現する力など、現代人して持つべき力（コンピテンシー）をどう養うのか、そしてそもそも、教育とは何かを突きつけたのもその一つである。

　これらの事態にどう対処すべきなのか、現在、大学の実力が試され、今後の在り方が問われている。私たち大学人の喫緊の大きな課題である。

（二〇二三年六月一〇日）

# 24 週に一日を研究の専念日に

我が国の研究力が相対的に著しく低下しているとの指摘がなされてから久しい。実際、論文数やインパクトの高い論文数（Ｔｏｐ10％やＴｏｐ１％の論文数）のランキングで、日本の順位はこの間急激に降下している。論文数などはほぼ横ばいであるのだが、他の国々の伸びが大きく、研究力強化競争において日本は置き去りにされている状態である。

研究力は、研究者数と研究費の積（掛け算）に比例する（と私は思っている）ので、ここ二〇年、研究者数も研究費も顕著に増えていない今の日本が、他国から置き去りにされるのは必然の結果である。この状況の中でも研究力強化のためには、若手研究者への安定した研究環境の提供と、研究費のデュアルサポート（経常的研究費と競争的研究費）体制の二つが本質的に重要であると考えている。特に前者は、研究者予備軍である博士課程学生の確保の観点からも、喫緊に行うべき必須の事であろう。

さて、日本の研究は企業よりも大学が主であるので、大学教員の〝研究パフォーマンス〟向上の観点からも要因分析がなされている。端的に分析結果を示せば、教員の管理運営や教育に関わる時間の増加→研究に割ける時間の減少→研究パフォーマンスの低下→大学の研究力の低下、そして日本の研究力の低下、というストーリである（末尾のＵＲＬ１を参照）。

このような分析に基づき、研究時間を確保する観点から、大学内外でもさまざまな議論がなされている。実際、科学技術・イノベーション会議（ＣＳＴＩ）有識者会合でも議論され、研究時間の確保のために〝ＵＲＡ〟の増員などの方策が種々提案されるに至った（ＵＲＬ２）。

本学の六月の教育研究評議会の最後の議題は、「質の高い研究時間の確保について」であった。この議題は、数か月前、学長から戦略本部企画戦略室（室長は筆者）に、研究時間の確保についての方策を考えるように、との指示があったことに対する私たちの回答であった。提案の骨子は、可能な限りまとまった時間を確保することが重要であるとし、少なくとも一週間に一日は、会議などのない教育や研究に専念できる日を設けよう、などというものである。細切れでない、このまとまった時間を指して、「質の高い研究時間」と呼んでいる。

この提案を受け法人本部では、隗より始めよということで、金曜日に入っていた会議をできるだけ他の曜日に移すこととした。既に決まっている本部以外の方が出席する会議はすぐに移すことは無理であるが、今後この取り組みは進んでいくことになるだろう。なお、研究専念日にとしているが、何に集中するかは教員によって異なるかもしれない。教育に集中したい教員は教育専念日になるかもしれない。その意味では、時間の使い方を自分で決めることができる日と言い換えてもよい。また、この措置により事務職員への負担も軽減されよう。事務職員にとってその日は、業務に専念したり、企画立案に集中したり、あるいは研修に当てる日とすることができるのではなかろうか。

この施策が全学の理解と協力の下で行われれば、本学構成員の教育や研究、業務の遂行に大きなポジティブな効果が生まれるのではないか、と大いに期待しているところである。

【参考ＵＲＬ】

１．令和五年版　科学技術・イノベーション白書
https://www.mext.go.jp/b_menu/hakusho/html/hpaa202301/1421221_00014.html

２．科学技術・イノベーション会議有識者会合：研究に専念する時間の確保―研究力強化・若手研究者支援総合パッケージフォローアップ―：最終まとめ（案）と「大学の評価疲れ申請疲れに関する方策」アンケートについて（二〇二三年三月三〇日）
https://www8.cao.go.jp/cstp/gaiyo/yusikisha/20230330/siryo1_1.pdf

（二〇二三年七月一〇日）

# 25 医学部大学祭の復活について

七月の中旬から下旬にかけて、各キャンパスにおいて本部執行部とキャンパス執行部、および学生との意見交換会を開催した。学生との意見交換は昨年度までは一二月に開催される二回目の意見交換会で行っていたが、要望等に対して対応できるものはできるだけその年度内に対応したほうが良いのではないかとして、今年度から一回目の意見交換会で行うこととした。

その中の飯田キャンパスでのことである。医学科一年と看護学科一年からの要望として、医学部大学祭を行ってほしい、というものがあった。この要望は昨年も出ていたので、学生たちにとっては〝悲願〟なのかもしれない。これに対する医学部執行部からの回答は、①大学祭は教職員が主導するものでなく、学生主導で行うものであること、②実行委員会を作る必要があるが、運営するのは大変なことで数年の準備が必要かもしれないこと、まずは、③他キャンパスで行っている大学祭の資料を集めて参考にすること、というものであった。これらの回答に私も全く同感である。大学祭は学生自身が作り上げるものであることは言うまでもない。さらにもう一つアドバイスをするとすれば、教職員の中には過去に医学部大学祭を経験した方もおられるだろうし、開催に積極的な方もおられるだろうから、そのような方々を探し出し、アドバイザーになって頂いたら、というものである。

本学の大学祭については、別の欄「折に触れて」で何回か取り上げてきた。残念ながら、飯田キャンパスについては情報がほとんどなかった。それでも今回、二〇一〇年一〇月一〇日（日）に開催された希華祭《きっかさい》のポスターを見つけることができた。インターネットで医学部のウェブサイトを探していたところ、二〇〇四年度〜二〇一八年度まで運営していた古いウェブサイトの「更新情報」欄を見つけた。この中の二〇一〇年一〇月四日に、希華祭開催の案内が出ていたのである。この情報にはPDFファイルがリンクされており、これをクリックすると希華祭のポスターが現れた。

この更新情報欄での希華祭の案内は、上記二〇一〇年の一件のみであった。このことより、二〇〇四年度以降では（二〇一九年度以降も開催されていないので）、大学祭は二〇一〇年に開催した一回だけであることが分かる。また、医学部大学祭は設置当初は開催されていたものの、二〇〇四年度以前に、既に開催されなくなっていたことも分かる。

さて、今回大学祭開催の要望が医学部を構成する二つの学科から出てきたのは、大変好ましく自然なものと思っている。個人的には、これを機に開催に向けた具体的動きが出てくることを期待したい。医学部の学生の皆さんには、単なる要望を越えて、自分たちの大学祭を作るとの意気込みで今後動いてくれたらと、エールを送りたい。

【参考URL】

1．山形大学医学部の元のウェブサイト（二〇〇四年度～二〇一八年度）の更新履歴
https://www.id.yamagata-u.ac.jp/in_update.html

2．二〇一〇年一〇月一〇日（日）開催の希華祭のポスター
https://www.id.yamagata-u.ac.jp/General/pdf/kikkasai.pd

（二〇二三年八月一〇日）

## 26 二〇一〇年開催医学部「希華祭」の新聞記事

前回のこの欄で、「医学部大学祭の復活について」と題して、医学部学生の皆さんの大学祭復活に向けた活動にエールを送った。この原稿を秘書広報室に送ったところ、いつも記事をアップロードしてくれる主任の堀野那菜さんから総務課長の篠塚清幸さんより、「二〇一〇（平成二二）年一〇月九日（土）の希華祭の記事を送っていただきましたので、共有いたします」とのメールが届いた。

この記事は朝日新聞山形版に掲載されたもので、記者川原千夏子さんの署名が付いていた。大学祭の開催は翌一〇日（日）なので、読者に開催情報を予め知らせる役割を持った力の入った記事である。大見出しが「学園祭　30年ぶり復活」で、「山大医学部の飯田キャンパス、明日『希華祭』／初期救命クイズ・受験勉強相談・・・／医学部らしさにこだわる」の小見出しがあった。この記事から医学部大学祭について多くの情報を得ることができた。以下、この記事の内容をかいつまんで紹介する。

飯田キャンパスでは、一九七〇年代半ば以降五～六回大学祭が開催されたが、一九八〇年ごろの大学祭でバンド演奏に近隣から苦情が出て、中止に追い込まれたのだという。それが二〇一〇年、当時の三年生の人たちが中心となり、大学祭を復活させようとのことで実行委員会を作り、五月から準備してきた。実行委員会には、各学年から総勢九〇人が集まった。実行委員会は、「希望の華が咲くようにと願いを込めて学園祭の名は『希華祭』と決めた」のだそうだ。

準備はすべて手作りで、医局にはカンパを、卒業生の開業医には手紙で寄付を、医学科と看護学科の後援会にも協力をお願いしたのだという。結果的に、総額一六〇万円が集まった。大学祭は模擬店、ミスコン、初期救命に関するクイズ、パネル展示、アロマオイルを使ったハンドマッサージのサービス、医学科五年女子学生が給仕する「Ｊｏｙ（女医）喫茶」などからなる。また、高校生を対象とした研究や勉強の様子を見学するツアーや受験勉強相談コーナーも設けられた。

この記事の最後の節は次のような記載であった。「四年生になると、学業の負担が増え、学園祭の準備に携わるのは難しいという。それだけに〇〇さん（実行委員長を務めた方の名）は『ラストチャンスの今年実現できてほっとしている。思いっきり楽しむ』とゼロから作り上げた学園祭を心待ちにしている。」

私は医学部の大学祭は当初から希華祭と呼ばれていたと思っていたのだが、この記事によると二〇一〇年の復活大学祭に付けられた名称であることが分かった。すなわち、後にも先にも、たった一回の希華祭であったのである。

この記事は医学部大学祭復活の活動に大いに参考になりそうである。著作権の関係でこの記事をウェブサイトへ掲載はできないが、医学部の学生さんたちには読んでもらいたいと思っている。

（二〇二三年九月一〇日）

# 27 やまフェス２０２３～つなぐちから～の開催

スポーツの日の一〇月九日（月）、本学小白川キャンパスを舞台に、「やまフェス２０２３～つなぐちから～」が開催された。主催は本学「健康と学びのサポートセンター」と山形市東部公民館で、地区のイベントとして位置付けられている。共催には、本学の附属博物館、エクステンションサービス推進本部、地域共創STEAM教育推進センター、データサイエンス教育研究推進センターなどが名を連ねた。このフェスのキャッチコピーは、「山形大学ではこんなことも／やっているんです！／来て、見て、体験してください！」（／は改行の意味）であった。各組織の八つの企画が並んだ。そのほとんどは予約なしで、無料で参加できた。

当日はあいにく小雨がぱらつき、傘が要るような要らないような、はっきりとしない天候であった。そのようなことから、陸上競技場でのタグラグビーは残念ながら中止となったが、キャンパス内にはお子さん連れの大勢の来訪者があった。

私も幾つかの企画に参加させてもらった。附属博物館主催の「ナスカ地上絵を探せ！」では、大きく引き伸ばされたナスカの写真が床に敷かれ、スリッパをはいて自由に地上絵を探す企画であった。教室の黒板の位置には、ナスカの地上絵を紹介するビデオが流され、描かれた位置などについての解説がなされていた。

附属博物館のもう一つの企画は、「企画展『オットセイ』のブロニー君と後藤嘉一と後藤ひろひと」である。附属博物館の小幡圭祐先生によるこの企画展の内容を、ごく短い文章で述べるのは容易ではない。ともあれ、ブロニー君死亡の定説は、後藤嘉一さんの遺品を孫である後藤ひろひとさんから寄贈されたのを機会に調べたところ誤りであった、というものである。私は郷土史家として後藤嘉一さんの名前は知っていたが、生涯を詳しく知ったのは今回が初めてである。孫のひろひとさんは山形出身であるが、現在は大阪で「大王」と呼ばれて活躍する演劇界の方であることも初めて知った。

陸上競技場でのイベントは中止になったが、第1体育館を利用したイベントは行われた。訪れてみると、椅子に座り板をラケット代わりに用いた変形卓球や、竹製のピンを使ったボーリング、ボッチャなどが行われており、子供たちの大きな歓声が体育館中に響いていた。地域教育文化学部でスポーツ科学を専門としている渡辺信晃先生は、この天候で参加者が少ないことも覚悟したが、ある程度の参加者があり、ほっとしたとのことであった。

ところで、この催事には多くの学生が手伝っていることが分かった。話を聞いたところ、謝礼もわずかであるが出ているらしい。謝礼の多寡はともかく、催事を手伝うことで地区の方々や子供たちと触れ合う機会を持つことはとても有意義なことと思える。

地域教育文化学部の学部長で、健康と学びのサポートセンター長でもある中西正樹先生に聞いたところ、この催事は今年が初めてで、共催となっている各組織の若手の教員から、ボトムアップの形で提案されたのだそうだ。今年はあいにくの天候だったが、秋晴れであれば、きっと多くの子供たち、多くの地域の人たちが来てくれたものと思う。来年は良い天候に期待したい。

（二〇二三年一〇月一〇日）

## 28 第57回八峰祭の開催

一〇月二一・二二日（土・日）の両日、小白川キャンパスの大学祭「八峰祭」が開催された。参加する人、一人ひとりがコロナ対策をとることとして、特段の制限がない形での開催である。初日はあいにく小雨模様であったが、私が訪れた二日目は、晴れわたって大学祭日和となった。昼時にかけてのキャンパス内では、大勢の学生や高校生らしき人たち、そして一般市民の方、特に子供たちの参加が目立った。

第57回となる今年のテーマは「和風」であった。その象徴であろうか、正門を入り、イチョウ並木の直前に建てられたゲートには、武士と雑兵（?）のシルエットを見ることが出来た。また、案内冊子には、「笑顔《えがお》満祭《まんさい》」と、「～57きゃ損!・八峰祭～」の文字があった。「57」には、「こな」とルビが付けられてので、「来なきゃ損」との意味。

私は多くのテントが張られた区域を見学した後、第1体育館のステージでの二組のバンド演奏を楽しんだ。女性ボーカルを擁するロックバンドの演奏では、ステージ前に集まった男女二〇人ほどが、時折拳を振り上げたり体全体でリズムをとったりと、ノリノリの状態であった。サークル活動とはいえ、すっかり学内（学外も?）の人気バンドになっていることが分かった。確かに、歌も演奏もすごい迫力でした。

その後訪れた基盤教育棟の教室では、Ｊａｚｚ研究会の演奏を楽しんだ。キーボード、ウッドベース（コントラバス）、ドラムのトリオに、サックスが加わったり、フルートが加わったりするカルテットの演奏である。ディズニー映画に使われた聞きなれた曲（名前が思い出せない）などを楽しんだ。恐らく小白川キャンパスの教員の方だと思うが、座ってじっと聞いていたのだが、演奏の合間に「楽器持ってくるから加わっていい」と問い、部員から「いいですよ」との返事をもらって教室を離れていった。この方はその後部員と演奏を楽しんだに違いない。なんとも、楽器のできる人がうらやましい！

さて、この欄や折に触れての欄で取り上げてきた八峰祭という名称のことである。正門近くの総合案内所のテントにいた男子学生に話しかけたところ、前年度の実行委員長のY君なのだという。そこで私の立場を明らかにし、八峰祭についての話を聞いてみた。

実行委員会に古い八峰祭の資料がないかと聞いたところ、Y君の回答は、第40回あたりから後の資料しかなく、第1回まではとても遡れないという。彼がふすま同窓会事務局におられる方から聞いた話では、一九六七年に文理学部が人文学部と理学部に分かれてすぐの大学祭では八峰祭とは名乗っておらず、その後に名付けられたらしいとのことであった。私の方から八峰祭の名称は、山形県内の（『日本百名山』にリストアップされている）六つの高峰に、羽黒山と湯殿山を加えたのではと話すと、彼もそのように聞いているとのことであった。

八峰祭開催の事情について、実行委員会に残っている資料に期待していたのであるが、残念ながらこのルートでの調査は無理なようである。まずは、一九六〇年代後半から一九七〇年代前半に小白川キャンパスで過ごした方に聞いてみるのが一番なのであろう。

（二〇二三年一一月一〇日）

## 29 「一日山形大学 in 仙台」の開催

山形大学への入学者は、山形県と宮城県の出身者が圧倒的に多く、両県出身者で全体の半数を占める。具体的には一六五〇名前後の入学者中、八〇〇名程度がこの両県からの出身者である。両県の入学者数は拮抗しているのだが、それでも二〇二一年度までは山形県出身者が多かった。それが昨年度は、宮城県が四四七名で山形県が三八五名と、ついに首位が入れ変わった。今年度も、宮城県が四三五名、山形県が三九〇名と、宮城県からの入学者が多い。志願者数はしばらく前から宮城県出身者が最多の状態にあり、一八歳人口の両県の動向などを考慮すると、宮城県が入学者数第一位の状態は、今後も続くものと思われる。

上記のような事情も背景として、表題に掲げたイベントが一一月二六日(日)に仙台駅近くの高層ビル「アエル」で初めて開催された。本イベントの目的は、「山形大学の今─教育・研究・社会共創・学生活動等─を知っていただき、参加者との交流を深めること」である。イベントは二部構成で、第一部では、学長挨拶、人文社会科学部の坂井正人教授による「ナスカ地上絵研究─人工衛星から人工知能へ─」と題する特別講演、六学部長による学部紹介が続き、最後に花笠サークル「四面楚歌」による演舞が行われた。坂井先生による特別講演はとてもよく準備されたもので、私も含めて参加者は大いに楽しんだのではなかろうか。第一部終了後、同じ会場で「何でも相談コーナー」や、農学部附属農場で生産された特産品や山形大学グッズを扱うコーナーも設けられた。第二部は、同ビル三〇階にあるとても見晴らしのいい部屋での立食形式の懇親会で、会では各学部同窓会や後援会の代表者による活動報告も行われた。

本イベントは、第一部は本部事務部エンロールマネジメント(EM)部学生支援課の皆さんが、第二部は、校友会事務局の皆さんが中心となってお世話下さった。初めてということもあり、参加者数など読めない事態で苦労されたのではなかろうか。それでも第一部は一五〇名の参加者と、ほぼ満席状態で盛会だった。また、農場からの特産品や本学グッズは好調な売れ行きだったともお聞きした。〝費用対効果〟の面からの検証が必要とは思うのだが、本学の現状や活動を知ってもらう上で、このような企画はとても重要なので工夫を加えて続けてほしいものである。

さて、第二部の懇親会では多くのOB・OGの方が参加されていた。そこで校友会事務局長の樋口浩朗さんにお願いして、一九六七年ごろに小白川キャンパスの学生であった方を紹介してもらった。小白川キャンパスの大学祭「八峰祭」についての情報収集のためである。一九六七年は、それまでの文理学部が人文学部と理学部に分かれた年で、かつ、逆算すると第一回八峰祭が開催されたのではないかと推察される年である。

紹介していただいた升澤福夫さんは、まさに一九六七年に理学部1期生として入学した方であった。私の疑問をお話しすると、升澤さんは入学した年に確かに大学祭はあったが、その名称が八峰祭であったのかは覚えていないという。今後、何とかして情報を集めてみましょうとのことで、連絡先を教えてもらった。将来、升澤さんから八峰祭の手がかりが得られるかもしれないと期待しているところである。

（二〇二三年一二月一〇日）

# 30 山形大学学長表彰第一回表彰式の挙行

二〇二三年一二月一三日（水）、教育研究評議会に先立ち「山形大学学長表彰」の表彰式が執り行われた。昨年三月に制定された「山形大学学長表彰実施規定」に基づき、第一回目となる今年度の選考の結果、五名の個人と一つの団体が表彰の栄誉を受けた。

学長表彰の対象となるのは、教育・学生支援、研究・産学連携、国際化・社会共創、医療、大学経営などの活動において、顕著な功績を挙げた役員・教職員の個人もしくは団体である。候補者を推薦できるのは、役員、法人・大学部局長、事務部長、その他学長が認めた者である。推薦された方々の中から役員会の議を経て、学長が最終的に表彰者を決定した。

今年度の表彰者は、大学院有機材料システム研究科の城戸淳二教授、教育推進機構の浅野茂教授、理学部の栗山恭直教授、学士課程基盤教育院の内海由美子教授、医学部附属病院検査部・感染制御部森兼啓太部長、および、新型コロナワクチン接種チームである。皆さんそれぞれ、素晴らしい功績を挙げられた方々である。

表彰式は小白川キャンパスの法人本部棟三階の第一会議室で行われた。続いて行われる教育研究評議会と同様に、各キャンパスにＺＯＯＭ配信された。式では、表彰者の功績内容が紹介された後、学長からお一人ずつ賞状と副賞が渡された。表彰された方々（新型コロナワクチン接種チームは代表として蜂谷修医学部附属病院感染制御部副部長）からお一人ずつ受賞の言葉が述べられた。表彰式の様子は、既に本学のウェブサイトに掲載されているので参考にされたい（末尾にＵＲＬを記す）。

これまで本学は「国立大学法人山形大学職員表彰規程」により、職員表彰ができることになっていたが、「学会等においてその研究業績が高く評価され学術賞を受賞した場合又は国内外アカデミー会員となった場合」とあり、他の組織における評価が先にあって、本学がこれを理由に表彰するという建て付けになっていた。もちろん、準ずる功績があった場合も表彰できるのだが、後追い感はぬぐえず、本学の自発的な表彰事業とはなっていない。また、この規程に基づく職員の表彰は、ここ二〇年間行われていない状態でもあった。

山形大学学長表彰は、上記のようなことを背景に、本学構成員の功績を広くかつ積極的に見いだし、学長名で表彰することによって、構成員の活動意欲（モチベーション）の向上に資することを目的としたものである。この表彰事業が、本学構成員の活動をよりいっそう活発化させ、そしてエンカレッジするものとなることを期待したい。

【参考ＵＲＬ】

１．第１回学長表彰表彰式
https://www.yamagata-u.ac.jp/jp/information/info/202312181/

（二〇二四年一月一〇日）

## 31 山形大学コンプライアンス指針の全面改正について

本学は「山形大学コンプライアンス指針　〜教職員及び学生の行動規範〜」を二〇一五（平成二七）年三月一三日に「学長決定文書」として作成した。文書名の通り、本学の構成員が取るべき行動についての指針（ガイドライン）である。この指針は、翌二〇一六年、さらに二〇一八年と、一部改正が行われた。この最終の改正から既に六年を経ており、この間新たな規程の制定があったり、既存規程の改正があったりしている。そこで昨年来、多くの関係事務部の協力の下、時間をかけて全面的な見直しを行った。改正された指針は、一月一七日開催の役員会で認められ、現在ウェブサイトで閲覧することができる（末尾にＵＲＬを記す）。

さて、なぜこのような指針が準備されなくてはいけなかったのかについては、二つの背景を指摘できる。一つ目は、国立大学が二〇〇四（平成一六）年に国立大学法人となったことに伴い、教職員は非公務員化されたことによる。もっとも、職務の内容が変わったわけではなく、公共性を有していることから、刑法の適用に関しては公務員として扱う「みなし公務員」の立場であるのだが。それでも公務員ではないので、私企業に勤める人たちに対するものと同様の制約を受けることとなった。とりわけコンプライアンス（法令遵守と訳されることが多い）関係で多くの規程が制定された。実際、本学全学規則の「第七編　内部統制・コンプライアンス」には、一七の規程が二〇〇四年以降、順次制定されている。

二つ目は、この間の大学を巡る社会情勢の変化に対応してきたことによる。例えば、産学連携活動の活発化したことによる利益相反の問題、ハラスメント対応の強化、研究インテグリティ（公正性）の問題などである。社会情勢の変化の中には世界の動きも関係しており、安全保障輸出管理の問題なども、重要事項として含まれる。

これらへの対応として規程を制定することになるが、法律用語で書かれているので必ずしも分かりやすいとは言えない。そこで、各規程のエッセンスを取りだし、現場に則し分かりやすく説明したものが望まれる。このような背景の下に、五〇ページ余のこの指針が作成された。

指針の内容は以下の通りである。「1　コンプライアンス推進の意義」、「2　コンプライアンス指針制定の趣旨」、「3　コンプライアンスを遵守すべき対象」、「4　行動規範」（教職員と学生）、「5　個別の留意事項」（人権の尊重・他、全一五項目）。「6　相談・通報窓口」（公益通報制度・他、全一〇項目）、「7　違反者に対する措置　―懲戒との処分―」（教職員と学生）。

現在、このガイドラインを冊子体にして、全教職員に配布しようと準備している。ただ、短い時間の間に見直しがかかることも予想される。それでもほぼ全面に近い改正を行った今回、最新のものを手元に置いてもらうのも良いのではないかと判断した。コンプライアンス関係で気になるようなときは手にとって利用していただきたい。

【参考ＵＲＬ】

1．本学コンプライアンス指針

https://www.yamagata-u.ac.jp/reiki/reiki_int/reiki_honbun/w679RG00000262.html

（二〇二四年二月一〇日）

## 32

# 皆さん、お世話になりました

今回が最後のがっさん通信「キャンパスから」になります（本欄をこれまで「だ・である調」で書いてきましたが、今回は「です・ます調」を用います）。

本学に着任したのが三年前の二〇二一年四月で、この「がっさん通信」を配信しはじめたのがその年の八月です。「キャンパスから」の欄は、その時々の大学の動きを伝えることを目的としました。今回の「キャンパスから」は三二回目になります。この欄が本来の役割をきちんと担えたかは自信がありませんが、本学の動きがリアルタイムに少しでも伝えられていたのなら本望です。

さて、今振り返りますと、この欄も、もう一つの「折に触れて」の欄も、結果として本学の大学祭にこだわってしまったようです。前任大学の大学祭には名前がありませんでしたので、本学のそれぞれのキャンパスの大学祭に名前が付いていることは大変新鮮でした。中でも小白川キャンパスの「八峰祭」の名称の由来と、いつからこう呼ばれるようになったのかに興味を持ちました。これまでの調べで得た情報やこれに関する推理（？）は、随時この欄や「折に触れて」に書いてきました。実は今月二〇日にアップする予定の「折に触れて」の欄も、八峰祭をテーマにしております。その結論ですが、いつからについてはほぼ突き止めることが出来たと思っているのですが、どうしてこのように呼ぶようになったか、すなわち八峰祭と名乗る，思い，についてては、まったく手がかりを得ることはできませんでした。

大学祭関係の取材では多くの方々にお世話になりました。この場をお借りして、感謝申し上げます。機会があればこれからも私は調べるつもりですので、もし、この欄を読まれている方で何か情報をお持ちの方がおられましたら、お知らせくださると幸いです。

一九九〇年代以降、我が国では大学に対する施策が相次いで打ち出されてきました。一九九一年には「大学設置基準の大綱化」が、二〇〇四年には「国立大学法人化」が行われました。さらに二〇一七年には「指定国立大学法人」制度が導入されました（現在まで一〇校が指定）。二〇二三年には「国際卓越研究大学」制度が導入され、今年中にはこの制度の下で初の国際卓越研究大学が認定されようとしています。

このように大きな制度改正や施策が頻繁になされている背景の一つに、一九九〇年代初頭に起きた日本経済の〝バブル崩壊〟があります。崩壊後、日本経済はなかなか立ち直ることが出来ず、「失われた一〇年」が過ぎ、そして「失われた三〇年」も過ぎてしまいました。この状況からの脱却のためには、人の育成と技術革新を可能とする大学の教育と研究への期待が大きいからだと言えます。現況の脱却には、社会全体の変革が必要ですが、大学を変革するのがもっとも手っ取り早いということなのでしょう。このような中で大学は、守るべきところは守り、変えるべきところは変えて、期待に応えていく必要があります。山形大学も現在、変革・改革の渦中にあると言えます。山形大学が大胆な発想で社会の期待に応えることが出来ることを信じて、ここで筆を置くことといたします。今後は学外から山形大学を支援できたらと思っています。

皆さん、いつかまた、お会いしましょう。さようなら。

（二〇二四年三月一〇日）

# 折に触れて

# 1 皆さんは〝心の山〟を持っていますか

日本の代表的な山と言えば、富士山である。きれいな裾野を持つこの孤立峰の美しさは、日本人のみならず日本を訪れる多くの外国人をも魅了する。

さて、ずいぶん前のことになるが、研究船白鳳丸で鹿児島港に入港したときのことである。研究室にいた宮崎県出身の学生Yさんの親御さんが、車で研究船を訪問された。宮崎県や鹿児島県を車で案内してくださるという。

その車中の会話で、宮崎県人の〝心の山〟は、霧島連山の韓国岳や高千穂山だという話をお聞きした。

話の中から、〝心の山〟とは、単に日常的に見ている以上のもので、畏敬の思いを持ちつつ、いつも心に思い浮かぶような山のことを指しているようであった。確かに、霧島連山は威容を誇るとともに、天孫降臨の伝説がある神宿る山々である。

会話の中で、私に心の山はありますかと問われたので、即座に私の心の山は「月山」です、とお答えした。

私の生家は、山寺と天童の市街地を結ぶ道路（天童山寺公園線）沿いで、ちょうど山寺と天童市街地の中間の位置にある。生家がある地帯は立谷川《たちやがわ》扇状地の中央部にあたり、一面果樹畑となっている。

私が中学生、高校生だった時は、生家の二階の部屋を使っていた。西側の窓からは、右手に荒々しい葉山が、左手に高い山々が連なる朝日連峰が、そして真正面に、両側になだらかな裾野を持つ月山を見ることができた。生家は完全に南北方向ではなく、若干北北東から南南西方向に建っていたため、位置的には西北西にあるのだが、西側の窓からは月山が真正面に見えたのであった。

月山を中心とする「出羽三山（月山、羽黒山、湯殿山）」は修験者の修行場である。すなわち、出羽三山は〝神の山（モンテディオ）〟なのである。

窓を開ければいつでも見える月山は、私の家からは毎日太陽が沈む山でもある。夏は緑一色に覆われ、冬は真っ白い雪で覆われる。私は四季折々、いろいろなお化粧をした月山を楽しんだ。

山形は山の多い県である。蔵王の山々も、吾妻の山々もある。それぞれの地域に住む人たちは、それぞれに心の山があるのだろう。ところで、庄内に住む人の心の山は、やはり月山なのだろうか、それとも出羽富士との異名を持つ鳥海山なのだろうか。
この文章を準備するにあたり、日頃鶴岡市にお住いの林田光祐副学長に、庄内に住む人の心の山をお聞きした。答えは、酒田の人は鳥海山で、鶴岡の人は月山です、と明快に返ってきた。藤沢周平は、鶴岡に城を構えた庄内藩をモデルにした海坂藩を舞台にした小説を数多く出版した。物語を扱ったテレビ番組や映画では、鳥海山よりは月山の方がよく映し出されるらしい。

さて、ここまで長々と〝心の山〟のことを書いたのだが、このエッセイを掲載する欄を「がっさん通信」とした理由を説明するためであった。当初私は、「山形大学通信」としようかと考えていたが、広報を担当されている矢作清理事から、もう少し柔らかい名前にした方がいいのではと示唆された。その後の会話の中で矢作理事から、好きな山はありますかと問われ、即座に、私が好きな（心の）山は月山です、と答えたのがきっかけで「がっさん通信」となった。

「がっさん」はもちろん「月山」であるのだが、いろんな情報をまとめて発信するという意味の「合算」でもある。大変よい名前を付けていただいたと思っている。

さて、皆さん、皆さんは〝心の山〟を持っていますか。

（二〇二一年八月二〇日）

## 2 ＩＰＣＣ－ＷＧ１ 第６次評価報告書（ＡＲ６）の公表

二〇二一年八月一〇日の新聞各紙は、前日にパリで公表されたＩＰＣＣ報告書の衝撃的な内容を報道していた。ＩＰＣＣとは、「気候変動に関する政府間パネル（Intergovernmental Panel on Climate Change）」のことで、世界気象機関（ＷＭＯ）と国連環境会議（ＵＮＥＰ）を共同スポンサーとして、一九八八年に設置された国連の一機関である。ＩＰＣＣには第一作業部会（ＷＧ１）から第三作業部会（ＷＧ３）までの三つのワーキンググループ（ＷＧ）があり、今回の報告書は地球温暖化の自然科学的根拠を評価するＷＧ１が公表したものである。設置以来六番目となる評価報告書であるので、通常ＡＲ６（6th Assessment Report）と呼ばれる。

どの新聞も大きな扱いであったが、朝日新聞、読売新聞、日本経済新聞は第一面の紹介記事に加え、他の面に解説記事も掲載した。掲載された記事の見出しを取り出してみると、次のようになる。

「20年以内1・5度に上昇／ＩＰＣＣ報告書　対策した場合も」（朝日新聞、第一面：複数の見出しを／で区切った。以下、同様）、「『人間が生んだ危機』断定／気候影響　数千年続くと予測」（同紙、解説記事）。「気温『21〜40年に1・5度上昇』／ＩＰＣＣ　温暖化対策講じても」（読売新聞、第一面）、「最悪シナリオ『4・4℃上昇』／温室ガス『ゼロ』対策訴え」（同紙、解説記事）。「気温1・5度上昇10年早く／ＩＰＣＣ報告『21〜40年に』」（日本経済新聞、第一面）、「気候変動リスク　切迫／『50年排出ゼロ必須』」（同紙、解説記事）。

評価報告書には、進行している地球温暖化への自然科学的評価に加え、数値モデルを用いた将来予測も記載される。今回のＡＲ６のポイントは二つあり、その一つが三紙とも見出しで表現した内容である。すなわち、産業革命が起こる前の気温から1・5度上昇する時期は、これまで今世紀半ば（二〇五〇年前後）と予測されていたのに対し、最新のモデル結果では一〇年以上も早く達するとの結果が出たというのである。

産業革命以前の気温から2度まで、可能であれば1・5度の上昇に抑えたい、というのが世界各国の共通理解となっている。二〇一三年に公表された第5次評価報告書（ＡＲ５）では、1・5度に達するのは二〇五〇年ごろと想定されていたのだが、今回のＡＲ6では、これが一〇年も早く到達してしまうことが予測されたのである。もちろん、私たちの努力で二酸化炭素等の温室効果ガスの増加を抑制することができるが、精いっぱい努力したとしても、すなわちどんな対策を講じたとしても、1・5度上昇はもはや避けられないとの予測結果である。

二つ目のポイントは、「政策決定者向け要約（ＳＰＭ）」の最初のヘッドライン・ステートメント〝Ａ・1〟で述べられた「現在進行中の地球温暖化は人為起源である」と断定したことである。以下に、具体的な英文表現とその和訳を示しておく（英文はＩＰＣＣのウェブサイト、和訳は気象庁のウェブサイトより：末尾にＵＲＬを記す）。

A.1　It is unequivocal that human influence has warmed the atmosphere, ocean and land.　Widespread and rapid changes in the atmosphere, ocean, cryosphere and biosphere have occurred.

Ａ・1 人間の影響が大気、海洋及び陸域を温暖化させてきたことは疑う余地がない。大気、海洋、雪氷圏及び生物圏において、広範囲かつ急速な変化が現れている。

ＩＰＣＣの報告書では、どの国のいかなる人でも同じ理解になるよう、言葉を定義して使っている。今回の表現は、99％以上の確率で確かであるときに使う「virtually certain（ほぼ確実）」よりもさらに強い「it is unequivocal that〜（〜ということは疑う余地がない／〜ということは明確だ）」なる表現が使われた。新聞各紙は、この表現をもって「断定した」との表現で紹介したのである。

二〇〇一年公表の第３次評価報告書（ＴＡＲ）では66％以上の確からしさ（英語ではlikely）で、私も主執筆者として参加した二〇〇七年公表の第４次評価報告書（ＡＲ４）では90％以上の確からしさ（very likely）で、そして二〇一三年公表の第５次評価報告書（ＡＲ５）では95％以上の確からしさ（extremely likely）で、地球温暖化への人類の関与を指摘してきた。今回は99％以上の確からしさ（virtually certain）を超えて、「断定」（unequivocal）したことになる。

ＩＰＣＣの評価報告書は、現時点で大部分の研究者が同意できる内容を取りまとめたものと位置付けられている。もちろん研究者の中にはこのような結論に納得しない人（地球温暖化懐疑論者と呼ばれている）がいる。しかし、残念ながら彼らからの反論は情緒的なものはあっても、科学的な反論はほとんどない。したがって、彼らと議論しても、議論が深まらないままに終わることが多い。

この一一月、英国グラスゴーで、第26回の「国連気候変動枠組み条約締約国会議」が開催される。この会合は、「国連気候サミット」や単に「ＣＯＰ」、あるいは「ＣＯＰ26」と呼ばれることも多い。当初、昨年秋に開催予定であったが、新型コロナウイルス感染症（ＣＯＶＩＤ—19）のパンデミックにより、延期されていたものである（パンデミックが収まらない中、再延期を望む声もある）。

ＣＯＰ26では、今回のＡＲ６の報告書に基づき、各国がこれまで以上に温室効果ガス削減のための施策を打ち出すことへの期待がかかる。

我が国の温室効果ガス排出削減の目標であるが、昨年一〇月二六日に、菅総理大臣が所信表明演説で、「二〇五〇年までに、温室効果ガスの排出を全体としてゼロにする、二〇五〇年カーボンニュートラル、脱炭素社会の実現を目指す」と宣言し、国民に衝撃が走った。さらに、今年の四月二二〜二三日に開催された米国気候サミットにおいて、菅総理大臣は「二〇三〇年度に、二〇一三年度比で46％の削減を行う」ことを宣言した。これらの目標は、米国からの圧力により政治的に決まったと捉えられているが、その実現可能性はともかく、諸外国からは好意を持って受け止められた。

　現在の技術で二〇五〇年までにカーボンニュートラルの社会を作ることは容易ではない。しかし、このような原因を作ったのが人類であれば、これを解決するのも人類しかないことは当然である。COP26では、世界各国が〝宇宙船地球号〟に対して同じ認識を持ち、これまで以上に積極的な施策が講じられることを期待したい。一一月のCOP26は注目である。


【参考URL】
1.「IPCC—WG1—AR6　SPM」英文原文
https://www.ipcc.ch/report/ar6/wg1/downloads/report/IPCC_AR6_WGI_SPM.pdf
2.同和文（気象庁暫定訳）
https://www.data.jma.go.jp/cpdinfo/ipcc/ar6/IPCC_AR6_WG1_SPM_JP_20210901.pdf

（二〇二一年九月二〇日）

## 3　ノーベル賞とイグ・ノーベル賞

　今年二〇二一年のノーベル物理学賞受賞者の一人は真鍋淑郎博士であった。地球温暖化や気候変動の研究をしている世界中の研究者の誰もが知っている研究者である。私も一九八〇年代以降、真鍋さんの研究の〝追っかけ〟をしていた時期があった。発表される論文のどれもが、数値モデルを用いた新しい試みと、新しい成果で埋め尽くされていたからである。

　一〇月五日（火）の夜、ノーベル財団から物理学賞の受賞者が発表されて一時間ほどたってからであろうか、毎日新聞科学環境部から取材があった。博士を知っている者としてこの受賞はとても嬉しいこと、日本人として大変誇らしいこと、一九九〇年代プリンストン大学で真鍋さんの研究室を訪問した際に最新の研究成果をまくしたてられたこと、真鍋さんの出版する論文のどれもが必読の論文であったこと、などをコメントした。これらのコメントの一部は、毎日新聞電子版で紹介された。

　私の専門である海洋物理学を含む地球物理学の分野

はノーベル賞の対象ではないので、真鍋さんの受賞にはみんな驚いている。しかし、その授賞理由、「for groundbreaking contributions to our understanding of complex systems」を読むと納得できる。すなわち、「複雑系についての私たちの理解に対する画期的な貢献に対して」として受賞したのである。真鍋さんの場合の複雑系とは、多くの要素が複雑に絡み合い、かつ相互作用する系である「気候システム」に他ならない。真鍋さんの研究の偉大さは、物理学的な手法で複雑系の解明に迫るための道筋と、大気海洋結合（気候）モデルという研究のツール（手段）を作ったことにある。

さて、ノーベル賞の発表に続いて、一〇月一〇日（日）には、イグ・ノーベル賞が発表された。今年も、動力学賞、として、スマホを持って歩行する人がいると対面通行がどれくらい乱されるかを実験的に調べた、「歩きスマホ」の研究で日本人研究者三名が受賞した。

イグ・ノーベル賞は、インターネット・ジャパンナッレッジ版『日本大百科全書（ニッポニカ）』では、次のように説明されている（末尾にURLを記す）。

「ノーベル賞のパロディとして一九九一年に創設された、世界中の独創性に富んださまざまな研究や発明などに対して贈られる賞。イグ ノーベル（Ig Nobel）という名称は、ノーベル賞と英語の『ignoble（あさましい、不名誉の）』を組み合わせたもの。接頭語としてのigには否定的な意味があり、『裏ノーベル賞』ともいわれる。」

「一九九一年にイスラエルの科学関係雑誌『The Journal of Irreproducible Results（再現不能な結果ジャーナル）』の編集者エイブラハムズ Marc Abrahams によって創設」され、「一九九五年からは、アメリカでエイブラハム自身により創刊された『The Annals of Improbable Research（ありそうもない研究年報）』が主催」となった。この賞は、「人々を笑わせ、そして次に考えさせる業績」という選考基準を重視して選ばれるという。

今回の受賞で、日本人の受賞は一五年続いたことになる。私は、イグ・ノーベル賞の受賞はその国の研究（者）の層の厚さを物語るもので、その意味で大変喜ばしいことと思っている。

さて、この賞の受賞者が発表になってしばらく経った一〇月一七日（日）の河北新報朝刊に、『シマウマ』で虫よけ／山形・小国で効果検証／吸血虫の接近減らす？／放牧時　ストレス軽減も」の見出しを持つ記事が掲載された。

牛に幅五センチメートルほどの白い縞を何本も、シマウマの縞のように描いたところ、「頭を振る」、「足踏みをする」などの虫を忌避する行動が、四割から八割も少なくなったことが分かったというのである。もともと、牛を縞模様に塗ると、近寄る吸血虫の数が減るという実験結果があり、これに着目した実験であった。この実験は、遊休農地を放牧地としての活用に向けた準備の一環だという。

　この実験を主導したのは米沢市にある県置賜総合支庁で、小国町の畜産会社が協力したという。会社の人は、「こんなに効果があるとは思わなかった。来年は機会があれば放牧場に出してみたい」と話しているそうだ。この記事には、白い塗料でシマウマのように白い縞が描かれた牛の写真が掲載されていた。来年は放牧場で〝シマウシ〟を見ることができるかもしれない。

　ところで、白い縞が、どうして吸血虫の接近を抑制するのだろう。日本の吸血虫は本物のシマウマを知る由もない（?）ので、白と黒の帯状の模様が、吸血虫を遠ざける何らかの効果を持っているのだろう。また、シマウマ（哺乳綱ウマ目ウマ科ウマ属のうち白黒の縞模様を持つ系統）がいるのに、どうしてシマウシはいないのだろう、などと思ってしまった。

　このような実験を続けて一層定量化し、考察をもっと深堀して学術研究論文まで持っていければ、今後立派なイグ・ノーベル賞候補の研究となりうると思うのだが、さていかがだろうか。

【参考URL】

1．日本大百科全書（ニッポニカ）
https://japanknowledge.com/introduction/keyword.html?i=232

（二〇二一年一一月二〇日）

## 4 パルスオキシメーターと青柳卓雄氏

　新型コロナウイルスへの感染を早期に発見する一助として、多くの人が日常的に体調観察をしているのではなかろうか。体調観察の最も基本的な計測項目は体温である。前の大学で私が所属していた研究室では、全員に毎日検温してもらい、その結果を報告させるようにしていた。

　さて、私が毎朝体温や血圧などを計測し、薬局で貰える〝血圧帳〟に記録して体調観察をするようになったのは、二〇〇三年一月九日からのことである。当時、疲労がなかなか取れず、目覚めも悪いため、これはどうも血圧が異常に低いのではないかと素人判断し、血圧を測ろうと思い立ったのがきっかけである。結果は逆に高血圧であったのだが。

長い間、体調観察の項目は体温、体重、血圧・脈拍数であった。この中で、体温や血圧は夜にも測っている。以来、出張などで短期間の抜けはあるものの、毎日の体調観察はもうかれこれ二〇年近くになろうとしている。記録する〝血圧帳〟も、現在三九冊目である。

さて、昨年（二〇二〇年）一二月、家電量販店に行き、〝パルスオキシメーター〟を購入した。新型コロナウイルス感染症のパンデミックが起こり、在宅療養の感染者が増えていた時期、パルスオキシメーターによる観察が重要であることが話題となった。

そのようなことで、私もずいぶん前から購入しようと思っていたのだが、品薄状態のため医療機関以外の一般の方の購入は控えてくださいとのことで、購入が延び延びになっていたのであった。実際、家電量販店にも在庫がない状態が長く続いていた。それが昨年一二月に、プリンターのインクを購入しに行った家電量販店でパルスオキシメーターの在庫があることが分かり、早速購入した。

パルスオキシメーターは、〝血中酸素濃度計〟とも呼ばれ、動脈を流れる血液中の酸素濃度を計測する機器である。新型コロナウイルス感染者のまん延とともに、入院できずにホテルや家庭で療養しなければならない人たちの簡便な体調観察のための機器として需要が増えた。パルスオキシメーターを指にはめると、数秒後には血中酸素濃度と脈拍数が計測される。血中酸素濃度は、95％以上が標準で、それより著しく低いと酸素が身体中に行きわたらなくなり、いろいろと支障が出るので、酸素吸入器の出番となる。

パルスオキシメーターの測定原理は知らなかったのだが、調べてみると、実に巧妙な方法が採用されていることが分かった。測定は洗濯バサミのような機器に指を挟んで行う。挟んだ指の上方部位から赤色光と近赤外線を照射する。下方の部位には指を透過してきた赤色光と近赤外線の強さを計測するセンサを置く。

血液中で酸素を運ぶ役割を担うヘモグロビンは、そのままでは黒色であるが、酸素と結びつくと赤色になる。すなわち、赤色光は、酸素と結びついていないヘモグロビンが多いほど吸収され、酸素と結びついているヘモグロビンが多いほど透過できる。一方、近赤外線は、どちらのヘモグロビンでもほぼ吸収されない性質を持っている。以上のことより、指を透過してきた赤色光と近赤外線の強さの比が分かれば、酸素と結びついたヘモグロビンの割合が求まることになる。

さてここで問題は、指の厚さが大きい人も、そうでない人もいるし、近くには静脈が通りその中の血液の影響もある。これらの影響を適切に除去しなければならない。そのため、動脈を流れる血液の〝脈動〟(pulse)を利用する。すなわち、脈動に伴い通過する赤色光と近赤外線の強さも変化することになるので、この時間変化成分が動脈内の血液の情報であるとみなすのである。実にスマートなやり方である。この手法の開発により、いちいち血液を採取しなくとも、血中酸素濃度を外部から常時監視することができるようになった。画期的なことである。

この巧妙な方法を開発したのは、青柳卓雄さんという日本の技術者であることが分かった。青柳さんは一九三六年新潟県の出身で、新潟大学工学部を卒業後、島津製作所に入るものの後に日本光電工業に移る。同社では、パルスオキシメーターの開発とその改良に携わる。原理の発明から装置の開発、実用化までの青柳さんの一連の仕事は、同社のウェブサイトの特別のコーナーで詳しく紹介されている。興味を持たれた方は参照されたい（末尾ＵＲＬを記す）。

最終的に青柳さんは世界中に知られた存在となったが、次のようなことがあったからだという。同社のウェブサイトから引用である。

「青柳氏はパルスオキシメーターの原理を英語で発表していませんでしたが、青柳氏の存在を知った呼吸生理学の世界的権威セベリングハウス博士（米国）が一九八七年に来日し青柳氏と面会、その後論文で紹介したことで、青柳氏はパルスオキシメーターの発明者として世界的に知られるようになりました。」

この部分は、二〇〇二年にノーベル化学賞を受賞した島津製作所の田中耕一さんのイオン化によるタンパク質の質量分析方法の開発とよく似ている。ノーベル賞選考委員会は、計測装置の開発であれば、その開発にもっとも貢献した研究者に賞を与えている。タンパク質の質量分析では、原理を開発した田中さんの貢献がもっとも大きいと判断したのであった。

青柳さんは、新型コロナウイルス感染症（ＣＯＶＩＤ－19）のパンデミックが宣言されている中、二〇二〇年四月一〇日に八四歳で亡くなられた。青柳さんの逝去については、米国の有力紙であるワシントン・ポストやニューヨーク・タイムズ、ウォール・ストリート・ジャーナルなどで大きく取り上げられたという。

朝日新聞は同年八月二八日の「天声人語」で、青柳さんのことを紹介している。その中で、米国イエール大学の名誉教授（名前の記載なし）が青柳さんをノーベル賞に推薦したことも紹介している。

　青柳さんは間違いなく、日本の中でも世界の中でも、もっともっと知られていい、日本が誇る技術者の一人である。

【参考URL】

1．日本光電工業（株）の青柳卓雄氏についてのウェブサイト
https://www.nihonkohden.co.jp/information/aoyagi/
（二〇二二年一月二〇日）

## 5 値上げにふみきろう

　物流経費や原材料費の高騰、原油の高価格化などが絡み、このところ値上げラッシュが起こっている。先日はインスタントラーメンやカップラーメンの老舗である大手食品会社が、製品価格を今年（二〇二二年）の六月から、5％～15％ほど値上げすると発表して、大きな反響があった。

　さて、このところの値上げラッシュを取り上げた、朝日新聞一月三一日（月）の「天声人語」を読んでびっくりした。

　今は故人となられたフォークシンガーに高田渡《たかだわたる》さんがいる。一九四九年の生まれで、二〇〇五年に五六歳の若さで亡くなった。一九六〇年代後半に登場した高田さんは、ギター弾き語りのスタイルで、多くのヒット曲を出した。

　高田さんの曲の一つに、政治家が当初「値上げはぜんぜんかんがえぬ」としていたのに、時間とともにそのトーンが次第に変わり、最後は「値上げにふみきろう」と宣言する内容のものがあった。高田さんのこの曲の題名は「値上げ」であり、彼の曲の中で最も知られた曲ではないだろうか。

　いかにも高田さんらしい曲なので、当時ほとんどのフォークシンガーの曲がそうだったように、この曲も高田さんの作詞・作曲であるとずっと思っていた。それが、上記天声人語を読んで、実はこの詩は、詩人の有馬敲《ありまたかし》（1931―）さんの作品であると知った。

　有馬さんは毎日の通勤電車の中で新聞を読むのだ

が、値上げに関するある政治家の発言が、次第に少しずつ〝変化〟していくことに気づいたのだそうだ。この政治家の発言を報道した新聞の見出しを、時系列的に並べたのが「変化」と題する二〇行の短い詩であるという。一九七一年に出版された詩集『くりかえし』(葦書房)に収められている。この詩に曲を付けたのが高田さんで、曲の題名を「値上げ」としたのだった。

全二〇行のうち、一行目、五行目、と三行飛ばしで、最後だけは二行飛ばしで、六行分を紹介したい。以下、「/」は行変えを表す。

値上げはぜんぜんかんがえぬ///今のところ値上げは見送りたい///値上げをせざるをえないという声もあるが///値上げの時期はかんがえたい///年内に値上げもやむをえぬ//値上げにふみきろう

この詩を高田さんが歌うと、とにかく笑えてしまい、値上げのときっていつもそうなんだよなーと合点し、納得してしまう。この曲は、YouTube上で高田さんの動画や、なぎら健壱さんと坂崎幸之助さんによる動画で聞くことができる。興味のある方はぜひご視聴を。

天声人語の後半には、有馬さんの会議を取り上げた詩のことも紹介していた。私はこの詩を全く知らなかったのだが、有馬さんの代表的な詩をまとめた『有馬敲詩集』(二〇一六)には、「変化」のすぐ後にこの「会議」という詩が収められていた。初出の詩集は、「変化」と同じく『くりかえし』である。この詩も大変な傑作で、読むにつれクスッとし、そして考えさせられ、反省してしまう。ぜひ、この詩を味わってみてください。

【参考文献】

1. 有馬敲、二〇一六:『有馬敲詩集』、現代詩文庫225、思潮社、二五八ページ。
(二〇二二年二月二〇日)

# 6 プーチンの戦争 ーロシアのウクライナ侵攻ー

日本のメディアでは、新聞でもテレビでも、圧倒的にロシアによる'ウクライナ侵攻'あるいは'ウクライナ侵略'なる表現を使っている。一方、YouTubeで海外メディアの表現を見ると、確かに侵攻や侵略を意味する'invasion'も使ってはいるが、'War in Ukraine'や'War in Europe'と、ほとんどが'war'なる表現をとっている。さらには、もっとどぎつく、'Russia's War'、さらには、'Putin's War'と表現しているメディアもある。

今回の出来事は、確かに'Putin's War'（プーチンの戦争）ではなかろうか。ロシア国民も望んでいない、「プーチンによる、プーチンのための戦争」である。私にはそう思えてしまう。

朝、目が覚めると、ウクライナの状況が気になってしょうがない。ロシア軍は侵攻を止めたのか、キエフ（後にキーウと表記されることになった）は攻略されたのか、ウクライナのゼレンスキー大統領は無事なのか、ロシアのプーチン大統領はまだその地位にあるのか、……。

しばらく前からその噂は流れていたものの、実際にロシア軍がウクライナに侵攻するとは思ってもみなかった。大国ロシアが、同じ歴史的ルーツを持つ、言わば兄弟の国であるウクライナに、どうして武器を持って押し入り、無差別に一般民間人を殺戮することができるのだろうか。

この戦争の背景はいろいろと分析されている。ロシアは（「プーチンは」と言ったほうが正しいかもしれないが）、NATO（北大西洋条約機構）はロシアの最大の敵対勢力であるとし、その東方への勢力拡大を容認できなかった。そのため、ロシアはNATO加盟国とは距離を取ることができるよう武力を用いて画策してきた。実際これまでも、ソ連崩壊後に独立した多くの国々と軋轢を生じてさせていた。また、ウクライナにおいても、二〇一四年にクリミア半島を武力により強制的に併合していた。

今回のロシア軍のウクライナ侵攻も、このままではウクライナはNATOへ加盟することになるとし、これに断固拒否するための行動であるとされる。ロシアの首都モスクワは、ウクライナ国境からわずか五〇〇キロメートルの位置なのである。直接国境を接するウクライナのNATO加盟は、いわば、のど元に刃を突き付けられる状態である。

ところで、第二次世界大戦後、局地的な戦争状態は枚挙にいとまがないものの、世界大戦への発展には、確かにある程度の〝隔たり〟があったのではなかろうか。また、イランや北朝鮮と、最近に至るまで核兵器開発が多くの国に広がってきたものの、それは抑止力としての核兵器であり、現実の使用には、これも超えるべき〝溝〟があったのではなかろうか。

しかし、今回の〝プーチンの戦争〟は、その双方の隔たりや溝を越える危険が存在していると指摘されている。今のところ（二〇日現在）、NATO諸国は、ロシアへの経済的制裁と、ウクライナへの支援は行うものの、参戦はしないとしている。しかしながら、ウクライナの徹底抗戦で戦争が長引くと、その予告通り、プーチンは戦術核の使用に踏み切るのではと心配されている。その時、NATO諸国はどう対応するのだろうか。NATO諸国の参戦により第三次世界大戦への道を、そしてそれは核戦争の道を辿るのであろうか。

二一世紀になった今でもこのような事態になるとは……。過去の歴史から学べないとは、なんと人類は愚かなのだろうか。まずは、一刻も早い戦争状態の終結と、話し合いによる紛争課題の解決である。このプーチンの戦争は、ロシアの人たちにとってなんの益もない。

（二〇二二年三月二〇日）

【追記】

三月二〇日（日）の午後九時からのNHK総合テレビ、「NHKスペシャル　ウクライナ　深まる危機」の冒頭に、「プーチンの戦争」なるテロップが使われていた。しかし、番組内でこの表現が出演者の発言の中では使われることはなかった。

（二〇二二年三月二一日）

# 7 小白川キャンパスの桜の木を数えてみた

気象庁による山形の今年の桜の開花宣言は、四月一一日（月）に出た。平年日より二日早く、記録的に早かった昨年よりは九日遅い開花宣言である（末尾にURLを記す）。

山形での桜の開花宣言は、市内緑町にある山形地方気象台構内の、ある特定の桜の木の観察から出されている。この桜はソメイヨシノで、この木を"標準木"と呼んでいる。標準木に五〜六輪の花が咲いた時が開花となる。

日本で一番有名な桜の標準木は、東京の開花宣言を出すためのもので、靖国神社にある。東京の開花宣言は、いわば日本中が今か今かと待ちわびる象徴的なものであるので、気象庁の職員が双眼鏡片手に観察する場面は、春の全国ニュースの定番となっている。

ところで、冒頭に述べた「平年日」のことである。現在用いられているのは、一九九一年より二〇二〇年までの三〇年間の平均の開花日を指している。平均する期間は一〇年ごとに一〇年ずつずらすことになっており、現在の平年日は昨年から採用されているもので、二〇三〇年まで使われる。

山形では、開花宣言の二日後の一三日（水）には、早くも満開宣言も出された。開花から満開まで、たった二日という超特急であった。満開の平年日は一八日であるので、通常は開花から満開まで五日ほどかかる。今年は、これを二日で達成したのであるから、驚きである。それもこれも、この期間の特異とも言える高い気温がもたらした。最高気温でみると、八日までは10℃台で来ていたのが、九日に23℃台へ、一〇日から一二日までの三日間は26℃台、一三日も24℃台と、平年よりも10℃も高い最高気温で推移したのであった。

さて、本学小白川キャンパスの桜も、入学式が行われた八日あたりから咲き始め、すぐに満開となった。一一日の週は、新入生も含め、多くの人が楽しんだに違いない。私もお昼にキャンパス内を歩いたところ、昨年は気づかなかったのだが、そちらこちらに桜が植樹されていることが分かった。そこで、一六日（土）と一七日（日）の二日間、キャンパス内の桜の木を探してみた。以下はその結果である。

まず、正門から入って左側、SCITAセンターの西側の桜である。ここには南北方向に四本の桜がある。いずれも幹の太い、かなり前に植樹された桜（以下、このような桜を、古桜、と表現する）のようである。

次に正門から入って右側、本部棟と道路の間に植樹された、まだ背の低い桜（以下、、新桜、）が二本ある。

教養坂を上った基盤教育棟前のモール側に、東西に並んだ三本の古桜がある。また、モールから北門に行く道路沿いにも二本の古桜ある。

北門の東側には一本の古桜がある。キャンパスの縁に沿ってさらに東へ行くと、駐車場へ入る道路があるが、その東側に古桜が二本、さらに東側に新桜が二本ある。この新桜は、他の多くの桜とは、異なる種類である。

本部棟から保健管理センターへ行く途中、人文社会科学部3号館の南側には、新桜が二本ある。また、図書館入口付近には枝垂れ桜が一本ある。さらに体育館の方へ行くと、第1体育館から第2体育館の前に、枝垂れ桜が四本ある。また、第1体育館前の駐車場を挟んで大学会館の南側に、古桜が四本ある。さらに東に行くと、地域教育文化学部音楽校舎の南側に、他の樹木の並木に囲まれた中に、ポツンと一本の古桜がある。他の樹木と校舎に挟まれているので、多くの人はこの古桜の存在に気づいていないのではなかろうか。

第2体育館の南側は、弓道場であったようだが、現在は取り壊して駐車場になっている。この駐車場を囲むように六本の新桜がある。

次に改修が行われた陸上競技場の周辺である。南の縁の道路沿いには、一直線に並んだ一四本の古桜がある。ちょっとした並木で、道路を利用する人や周辺に住んでいる人は大いに楽しんでいるに違いない。ところで、だいぶ前の樹木の配置を示した図面を財務部で保存しているのが分かった。この図面を見ると、この並木は一五本の桜からなっていたが、現在は一四本である。ちょうど真ん中のところが少し間隔が空いているので、そこの桜の木を一本間引いたものと思われる。

次に陸上競技場東縁の道路沿いである。さまざまな樹木が植えられているが、新桜が七本混じっていた。まだ背が低く、花数も多くない。見ごろとなるには、もう少し時間が必要である。

最後に学生会館や厚生会館に囲まれた中庭であるが、ここも多様な樹木が植えられている。これらの中に二本の古桜がある。

小白川キャンパスで私が数えることができたのは、以上五七本の桜の木であった。抜けなく、全部数えているのかは、まったく自信がない。もし、誤りがあれば、ご指摘願えれば幸いである。

【参考URL】

1．気象庁「二〇二二年桜の開花状況」。なお、満開日もこのURLからすぐたどれる。
https://www.data.jma.go.jp/sakura/data/sakura_kaika.html

（二〇二二年四月二〇日）

# 8 この四月から…、プラスチック新法の施行

四月という月は、日本人にとって一月と並び、もう一つの〝始まり〟の月である。この大きな要素は、〝予算年度〟（会計年度）が四月から始まることであり、また、同期してほぼすべての学校が入学式や始業式を迎える〝学校年度〟（学事暦）の開始の月でもあるからである。世界的には予算年度と学校年度は一致していない国も多いのだが、日本では一致している。

新年度が始まったこの四月、さまざまなことで変更があったり、新しい取り扱いが設定されたりした。中でも社会的にもっとも大きな影響があったのは、改正民法（新民法）の施行ではなかろうか。すなわち、〝成年（成人）年齢〟を今までの二〇歳から一八歳にしたことである。既に二〇一六年六月に、先行して一八歳以上の人には選挙権は与えられていたものの、成年年齢の切り替えはこの四月であった。

一八歳で成年になったとはいえ、タバコとお酒が許されるのは以前と変わらず二〇歳になってからである。ある調査によると、タバコとお酒は二〇歳からという認知度は、同世代のおよそ80％とのことであった。この認知度を、高いとみるのか低いとみるのか、どちらにせよ、一八歳、一九歳の皆さんにはきちんと守ってほしい。

さて、四月一日に新しい法律が施行されたものに、プラスチックの使用に関するものがある。「プラスチックに係る資源循環の促進等に関する法律」が正式名称であるが、通常「プラスチック新法」とか、もっと短く「プラ新法」などとも呼ばれている。

この新法の趣旨は、海洋プラスチックごみ問題と気候変動問題（地球温暖化抑制）をにらみつつ、「製品の設計からプラスチック廃棄物の処理までに関わるあらゆる主体におけるプラスチック資源循環等の取組（3R＋Renewal）を促進するための措置を講

じる」ことである（環境省のウェブサイト）。

この法律の下で、プラスチックの資源循環の促進を総合的かつ計画的に推進するため、主務大臣、すなわち環境大臣は今後一年以内に、基本方針を策定することになっている。

この法律の施行を前に、既に多くの企業が今後の対応を公表している。いくつかの企業の対応は新聞等で紹介されている。三月一八日(金)の日本経済新聞は、「小売りや外食、『脱プラ』対応／スタバは蓋なし提供　四月の新法施行受け」（／は改行の意味）と題する記事でいくつかの企業の対応を紹介している。

プラ新法では、年間五トン以上のプラスチックを使う業者に対し計画的な削減を求めている。記事の見出しに取り上げられたスターバックスでは、プラ製の蓋を付けずに提供したり、持ち帰りのスプーンには植物由来の素材に切り替えたりするという。また、帝国ホテルでは歯ブラシなど一〇品目をプラ代替え製品に順次置き換え、年間のプラ使用量を、二〇一九年度の約七割に当たる一一トンを削減するという。

五月一七日(火)の毎日新聞は、「コンビニ大手／プラ削減加速／促進法施行で」との見出しを持つ記事を掲載した。それによると、「ローソンは、オリジナル商品のお茶六種類でペットボトルのラベルを半分にした」のだそうだ。「ファミリーマートは『たまごサンド』などサンドイッチの包装を削減」したという。また、スプーンやフォークに使うプラスチックの量を減らすアイデアとして、柄のところに穴をあけることで使用量を減らす対応をしているという。

確かに、上記のような対応でプラスチックの使用量は削減される。このような細かな、いわゆる〝かゆいところ〟まで配慮した対応は、いかにも日本らしい対応ではなかろうか。もちろん、そのようにすることは大事であるし、私たち一人ひとりが意識して対応しなければならないことを気づかせるには最適な対応である。しかし、米国に次いで二番目に多くプラスチックを消費している日本人にとって、この施策による削減量は微々たるもので、抜本的なプラスチック削減には程遠い対応と言わざるを得ない。

個人的には、樹木や竹、そして植物（の繊維）を活用することがプラ問題解決のキープレイヤーとなるのではと思っている。すなわち、材料としての〝木材〟や〝竹材〟、そしてこれらから加工された〝紙〟などへの積極的な切り替えが重要なのではなかろうか。

例えば封筒の中には透明な窓を設けて、中に入れた印刷物に書かれた住所で代用し、封筒に住所を書く手間を省いているものがある。これまでは窓にポリプロピレンが使われていたが、最近はグラシン紙が使われるようになってきた。グラシン紙を使った封筒であれば、そのまま古紙として出せることになる。

　このような方向での工夫や開発は既に始まっており、驚いたことに〝紙〟でできたカミソリなども出来ているという。発想次第で、〝紙〟（もう紙とは呼べないかもしれないが）は幅広い可能性を秘めているのではなかろうか。

　また、竹は生育の場所を選ばず、また、成長が著しく速いので、極めて大きな可能性を秘めたものとして注目を集めている。これもアイデア次第で現在の石油由来の製品に置き換えることができるのではなかろうか。

　産業用として長期に使用されるプラスチック製品は、代替えが難しく、急には変えられないものが多いかもしれない。しかし、たった一度の使用で廃棄される、いわゆる〝使い捨て〟のプラスチック製品は、一刻も早く根絶すべきであろう。

（二〇二二年五月二〇日）

## 9 ゴミ収集のこと

　山形の一戸建ての家に引っ越して一年余りが過ぎた。マンション暮らしとはいろんな面で違いがあり、戸惑うことも多い。その一つがゴミに関することである。

　マンション住まいのときは、野菜くずなどの生ゴミはそのまま〝もやせるゴミ〟の中に入れざるを得なかった。生ゴミであるからある程度の水を含むため、焼却には余分なエネルギーがかかってしまう。それが気になって、一戸建ての家に住んだらコンポストで堆肥化して有効利用を図るいっぽうで、もやせるゴミの削減と一石二鳥を考えていた。しかし、この間の試みは全くの失敗であった。土の上にただ単に生ゴミを置いたぐらいでは堆肥化には程遠かったのである。暖かくなって虫が湧くような状態になったので、連れ合いからは止めるようにとの進言があり、現在は行っていない。

　次はゴミ集積所の清掃に関する問題である。仙台のマンションは一一四戸からなる中規模のマンションで、住み込みの管理人さんがいた。ゴミの集積所も敷地内にあり、ゴミ袋の整理や、ペットボトルやカン、ガラス瓶などの整理はすべて管理人さんの仕事であった。また、資源である新聞紙や雑誌、雑紙、段ボールなどを回収するための物置もあり、その整理も同じであった。マンションの住人としては毎月管理費を払っているので、これらは当然のこととしてこのサービスを受けていた。

山形では、ゴミ収集に関する管理は町内会の仕事となり、私の家にもゴミ集積所の清掃が割り当てられるようになった。私が住んでいる地区は、もやせるゴミの集積所と、ペットボトル、カン・ビン、プラスチックなどの集積所が別になっている。これら双方の集積所の清掃が、年に何回か当番として回ってくる。問題はペットボトル等の集積所の方である。

毎回とは言わないが、結構な頻度で回収を拒否されるゴミ袋が出てしまうのである。それらの袋には、ゴミ出し違反を示す黄色いラベルが貼られている。町内会のルールではこのような場合、清掃当番の人がそれらの袋を回収し、その後適切に処理して出し直すことが求められる。

昨年秋に回ってきた最初の当番のときは、回収拒否となったビンやカンを入れた袋が二袋残っていた。中には封を切っていない焼き肉のたれのビンや、中身を使い切っていないビンが混じっていた。そこでそれらの袋を回収し、中身を捨てて洗浄するという手間のかかる処理となった。

次に、最近回ってきた二回目の清掃当番である。今回も回収拒否にあった二つの袋が残っていた。今回はペットボトルを入れた袋である。ペットボトルのラベルとフタを外していないのでルール違反であるとのことで、回収が拒否されたのであった。これらのペットボトルの中には、ボトル内部をすすいでいないものも多かった。それでも先のビンの処理に比べればこちらの処理は簡単であったので、次のペットボトル回収日に出し直すことができた。

それにしても、飲み終わったペットボトルは軽くすすぎ、ラベルとフタを取り、それらはプラスチックゴミに、ペットボトルはペットボトルとしてまとめる、ということをどうしてできないのだろう、とても簡単なのに。

さて、上記のように当番に当たった人が回収を拒否されたものを回収し、適切に処理した後に出し直す、というやり方でいいのであろうか。私は、また同じことが繰り返されるのではないかと、危惧する。むしろ、放っておいた方がそのゴミを出した人が知ることになるのでいいのでは、と思うのであるが……。

これを連れ合いに愚痴として言うのだが、即座に却下されている。集積所には町内会以外の人も出しているようなので効き目がないし、集積所にゴミ袋が貯まるだけで見栄えも悪く何も良いことはない、というのである。さてさて、どうしたものか……。

ところで、山形市のゴミ出しルールブック「保存版ごみ減量・分別大百科」は、仙台市のものに比べ、相当厚い。山形市は親切な説明をしていると言えるのだが、仙台市のゴミ出しルールに比べ、山形市のゴミ出しルールはより細かな分別を要求しているようにも感じている。

例えば、こんな例があった。缶詰を開けてフタを切りはなしたとする。仙台では切りはなしたフタは本体に入れてカンとして出せる。ところが山形では、本体はカンで、切りはなしたフタは〝雑貨品・小型廃家電類〟として出さなければならない。これは作業する方の安全を考えてのことだろうと推測するのだが。私はこのルールを、偶然ルールブックから知った。

「分別しなければ〝ゴミ〟だが、分別すれば〝資源〟」。これはまったくその通りであるので、可能な限り分別には協力したい。しかし、あまりにもあれこれと注意を払わなければいけないルールでは、気疲れしてしまうのではなかろうか。

だいぶ前のことであるが、ある女流作家のエッセイが新聞に掲載された。この方は、住んでいた地域（関西のある都市）のゴミ出しルールがあまりにも厳しく、とても気疲れするので、ルールの緩やかな隣の県に引っ越したのだという。そこまでするかとも思うが、この方はその町が快適に生活できる環境ではないと判断したのだろう。

焼却施設の性能や処理能力、埋め立て用地の広さなど、自治体（地域）が持つゴミ処理能力に大きな差があるので、自治体によってゴミの出し方が変わってくる。例えば、東京ではプラスチック類はもやせるゴミとして出すことができる。これは、焼却炉は最新鋭で高温燃焼ができるからだという。このような差は仕方のないことであるが、それでも可能な限り標準化することで、全国で同じ取り扱いのルールを目指すべきではないか。もっとも、そうするには予算が……、ということになりそうだが。

それにしてもゴミの扱いはとても難しい！

（二〇二一年六月二〇日）

# 10 山形女子師範学校時代の加藤セチは？

山形新聞の日曜版には、「やまがた　再発見」として特集記事が掲載される。この欄に、五月二二日、二九日、六月五日の三週にわたり、「加藤セチ」が取り上げられた。執筆者は、山形県産業科学館の館長、宮野悦夫さんである。

記事を読むまで、私は加藤セチさんのことはまったく知らなかった。この記事を読んで興味を持ち、その後いろいろと調べてみたところ、とても素晴らしい生き方をされた方だと思うようになった。彼女の人生はまさに波乱万丈であり、数多くの〝人生の岐路〟を持っていたことに驚いた。一言で言えば、「NHK朝の連続テレビ小説」に出てくる主人公のような生き方なのである（見ていないのにこう断言するのもいかがと思うのだが）。

まずは、上記の記事や文末に示した参考文献を基に、加藤セチさんの生涯を〝超〟駆け足で追ってみよう。以下、単にセチと記載する。

セチは一八九三（明治二六）年一〇月二日、加藤家の三女として、現在の三川町に生まれる。加藤家は、酒田本間家と並ぶ裕福な豪農で、熊本の加藤清正公の血筋を引くという（正確には二代目藩主忠弘公）。

セチが一歳となった一八九四年一〇月二二日、庄内地方を大地震が襲う。加藤家の家屋は倒壊し、火災が発生。母、兄、姉が亡くなり、父ともう一人の姉、そしてセチの三人が取り残される。その後、父は酒田水野家のキンと再婚する。一九〇八（明治四一）年八月、セチ一四歳の時、開墾・酪農事業に失敗した父は、失意のうちに亡くなる。

セチは、父が亡くなる前の三月、鶴岡高等女学校（現山形県立鶴岡北高等学校）を三年で退学していた。そして、一年後の一九〇九（明治四二）年四月、山形女子師範学校（現本学地域教育文化学部）に入学する。四年後の一九一三（大正二）年三月、首席で卒業し、四月からは狩川尋常高等小学校に教師として勤める。

一年後の一九一四（大正三）年四月、継母キンの強い勧めにより、東京女子高等師範学校（現お茶の水女子大学）理科・物理化学選修に入学する。四年後の一九一八（大正七）年三月、数学・物理など六種類の中等教員免許状を取り、優秀な成績で卒業する。就職先は北海道札幌市の私立北星高等女学校（現北星学園女子中学高等学校）であった。

就職した年の夏、母校の東京女高師の生徒が札幌を訪問し、セチとともに東北帝国大学から分離したばかりの北海道帝国大学を見学する。初代総長佐藤昌介は、彼女らに対し、北大は女性にも門戸を開いていると述べる。

この佐藤の言葉に希望を抱いたセチは、入学の許可を求め、総長室の前に何日も座り込む。結果として、正規生ではなく〝選科生〟（現在の科目履修生に相当）として入学する。北大初めての女子学生であった。女学校の教師を続けながらも一九二一（大正一〇）年三月、セチは三年間で二五科目を履修し、農学部農学科を修了する。同時に三年間の教職義務を終えた北星高等女学校を退職し、北大農学部の副手となる。

その後開所四年目であった東京駒込の理化学研究所（以後、理研）が研究員を集めているとの情報を得て、東京へ移り、翌一九二二（大正一一）年九月に理研に入所する。理研初の女性研究者であった。セチ、二八歳の時である。なお、セチは入所から二〇日後に、長男仁一を出産した。

この間セチは、同郷の佐藤得三郎と結婚していた（注：狩川小の教師時代に結婚したとの文献もある）。セチは得三郎に加藤家を継いでほしいと懇願し、加藤家の養子として迎えたのだった。その時、得三郎は京都帝国大学工学部で建築学を学び、同大学の助手となっていた。セチが理研に入所した翌年、一九二三（大正一二）年九月一日、関東大震災が起こる。得三郎は京大を辞め、東京で復興局の技師となり、復興に尽力する。

一九二四（大正一三）年一月には長女コウが生まれ、加藤家はセチ、夫得三郎、長男仁一、そして継母キンの五人家族となる。この時期の家事は、継母キンがその大半を引き受けていたという。

理研でのセチは、分光学を学び、連続スペクトル（連続したエネルギー分布）を持つ光を物質に当てると、物質が特定の波長のエネルギーを吸収すること（吸収スペクトルとなること）を利用した化合物の分析手法の開発に没頭する。一九三三（昭和八年）年六月、その成果をまとめた学位論文を京都帝国大学に提出し、理学博士の学位を取得する。保井コノ、黒田チカに次ぐ、日本で三人目の理学博士であるが、家庭を持つ女性としては最初の理学博士であった。

一九四二（昭和一七）年、セチは理研の「研究員」に昇任する。この時、理研の研究者は約九〇〇名、主任研究員は三三名、研究員は六一名であったという。それから一一年後の一九五三（昭和二八）年四月、セチは理研で初の女性「主任研究員」となる。理研でセチが主宰した「加藤研」は、女性研究者を積極的に採用し、博士の学位を取得させたという。

一九五四（昭和二九）年、セチは六〇歳となり、公式には理研を退職したが、特別研究室嘱託として残り、以後五年間務めることになる。その後、ボランティアで中・高校の理科の教員を対象とした「理科ゼミ」を主宰し、最新の科学を学ぶ機会を作る。このゼミはセチ八一歳になるまでの一五年間続いたという。

一九六八（昭和四三）年六月、セチは故郷の三河町から、初となる名誉町民の称号を与えられる。セチ、七四歳の時であった。一九八九（平成元）年三月、東京の自宅の書斎で脳梗塞のために倒れ、入院治療するも回復せず、三月二九日に永眠する。享年九五。

以上が〝超〟駆け足でたどったセチの生涯である。なお、文献によって出来事の生起年等が数年違う事例が少なからずあった。本稿ではできるだけ正確さを求めて記載したつもりであるが、まだ誤りがあるかもしれない。

さて、本学地域教育文化学部の母体となった学校の一つである山形女子師範学校時代の加藤セチについての記述は、あまり多くないようである。そのような中で、加藤家と縁戚筋にあたる加藤祐輔氏（現国立研究開発法人　農業・食品産業技術総合研究機構 生物機能利用研究部門 新産業開拓研究領域 生体物質機能利用技術開発ユニット ユニット長）が、加藤家の縁戚の方々への取材と文献調査を基に、「加藤セチものがたり（一）」を執筆し、同氏のウェブサイトに掲載している（末尾にURLを記す）。

「ものがたり（一）」の「第十九話　珍学生（一）」「第二十話　珍学生（二）」は、山形女子師範学校時代のセチの話である。珍学生とは、もちろんセチのことである。その中では、セチ本来の腕白ぶりが発揮されていたこと、苦手な絵を努力により克服したことなどが紹介されている。

また、理研は「女性科学者のパイオニアたち　4　吸収スペクトルで物質を探る　加藤セチ」と題する長さ一四分余りの動画を作成している（末尾にURL）。この中に、山形女子師範学校卒業時に撮影したと思われる集団写真が使われている。

また、ここには記載しなかったが、セチは自分の歩んできた道を振り返りつつ、後進へ、とりわけ女性研究者へのメッセージ（エッセイ）を残している。努力家であるが故に含蓄のある言葉であり、多くの人の心を打つものである。

「女性研究者の先駆け」や「女性科学者のパイオニア」

などと称される、このような素晴らしい生き方をした方を、本学の母体となった組織ではあるが、同窓生に持つことをとても誇らしく思う。

加藤セチさんの山形女子師範学校時代は、どのようなものであったのか、もっともっと知りたくなった。もし、資料や情報を持っている方がおられれば、提供していただけないだろうか。また、加藤セチさんを本学の学生も含めて、多くの人に知ってほしいと思うようになったのだが、何か良い方法はないだろうか。

【参考URL】

1. 加藤祐輔氏の「美人すぎて科学者にむかない
加藤セチものがたり（一『坐り込みの君』」
https://dal11232022.wixsite.com/my-sit

本文中にも書いたように、加藤氏は加藤セチの縁戚筋に当たる。多くの資料を基に、「物語り」として加藤セチの生涯を振り返った。現在は「ものがたり（一）」であるが、「ものがたり（二）」を準備中と記されている。この「ものがたり」には、注釈もつけられている。また、多くの資料がまとめられている。

2. 理化学研究所作成の動画「女性科学者のパイオニアたち　4 吸収スペクトルで物質を探る　加藤セチ」
https://www.youtube.com/watch?v=2aFxZdaY1Oo

【参考文献：入手できた主なもののみ】

1. 前田侯子、二〇〇四：加藤セチ博士の研究と生涯―スペクトルの物理化学的解明と目指して―。ジェンダー研究、七、八七―一一〇。
2. 宮野悦夫、二〇二二：611 加藤セチ㊤・612 加藤セチ㊥・613 加藤セチ㊦。山形新聞「やまがた 再発見」、二〇二二年五月二二日・二九日・六月五日。
3. 山本美穂子、二〇一一：北海道帝国大学へ進学した東京女子師範学校卒業生たち。北海道大学大学文書館年報、六、五三―七〇ページ。
4. 山本美穂子、二〇一七：［紹介］「科学は女性にとって何物にも優る美服である」：女性科学者の先駆者加藤セチの歩み。北海道大学大学文書館年報、一二、五三―六七ページ。

（なお、加藤セチ自身のエッセイなどは未入手なので、ここには記載しなかった。）

（二〇二二年七月二〇日）

# 11 It's raining cats and dogs!

表題は「降れば、土砂降り」の英語表現である。中学生のときだと思うが、〝土砂降り〟を英語でこう表現すると聞いて、猫と犬は仲が悪く、出会えばとんでもない大騒動になることから、大雨のことをこのように表現するのだろうと、勝手に解釈している。閑話休題。

さて、今月（二〇二二年八月）三日（水）、山形県南部と新潟県北部に、〝線状降水帯〟が発生し、記録的な豪雨となった。気象庁は同日一九時一五分、「大雨特別警報」（警戒レベル５）を米沢市、南陽市、高畠町、川西町、長井市、飯豊町に発令し、災害発生への備えを喚起した。警戒レベル５の取るべき行動とは、「命の危険　直ちに安全確保！」という最上位のものである。

三日の降水量は、アメダスの観測点名で記すと、高峰（飯豊町）で二九二ミリメートル、小国で二八七ミリメートル、長井で二三四ミリメートルであった。八月一か月間の降水量の平年値（一九九一年から二〇二〇年までの三〇年間の平均値）は、それぞれ一七四ミリメートル、二三五ミリメートル、一六〇ミリメートルであるので、一日で一か月分以上の降水量があったことになる。高峰は観測史上最大、小国と長井は八月の観測史上最大の値である。なお、八月一〇日（水）、山形地方気象台は、「低気圧や前線に伴う大雨（令和四年八月二日―五日）」で、この期間の降水量などの詳細な資料を公表している（末尾にＵＲＬを記す）。

この大雨による被害の全貌は未だ明らかとなっていないが、最上川が複数個所氾濫し、ＪＲ米坂線の小白川にかかる鉄橋が崩落したり、飯豊町では橋が崩落したりと、甚大な被害が出ている。

さて、〝線状降水帯〟が注目されたのは、二〇一四年八月一九日から二〇日にかけての、広島の集中豪雨による災害である。広島市安佐南区と安佐北区などの山際の地域で、広範囲にわたり多くの箇所で土砂崩れが起こり、犠牲者も七〇名を超した。この時の集中豪雨では、〝バックビルディング現象〟の発生が原因とされた。バックビルディング現象とは、背の高い積乱雲が、同じような位置で次々と発生して下流側に流されることから、高層建築が（背後に）林立するようなイメージでこう呼ばれたのであろう。線状降水帯の形成のメカニズムの一つである。

　その後も毎年のように線状降水帯による災害が発生するため、気象庁は昨年（二〇二一年）六月、線状降水帯の発生を半日前に予測して「顕著な大雨に関する気象情報」を発表することを決めた（末尾にＵＲＬ）。そして同年八月には、広島県に対し初めて線状降水帯の発生予報が発表された。

　今回八月三日の例では、線状降水帯の予報は出されなかったが、実況観測に基づいた「記録的短時間大雨情報」は三日から四日にかけて一〇回も出され、そのうちの二回は小国町の降雨に対してであった。また、「顕著な大雨に関する全般的気象情報」が、三日午前には青森県や秋田県に、午後には山形県や新潟県に、合計五回出されている。さらに、冒頭に記したように、同日一九時一五分、山形県置賜地域に「大雨特別警報」（警戒レベル５）が発表された。

　この線状降水帯は、既に指摘されているように、東北沖に抜けた低気圧から東西に伸びた前線に沿ってできたものである。通常、低気圧は中央部から南東側に温暖前線を持ち、中央部から南西側に寒冷前線を持っている。今回は、この南西側の寒冷前線が、東西に長く伸びて、停滞前線（動かない前線）化しているのが特徴であった。この停滞前線に、北からは寒冷な大気が、南側からは暖かく湿った大気が、それぞれ吹き込み収束する（寄り集まる）ことで、積乱雲が同じような位置に次々と出来て線状降水帯を発生させた。

　この前線帯には水蒸気が大量に供給され続けたが、それを可能にしたのは、直前に発生していた台風六号であると指摘されている。台風六号は、七月三一日一二時に沖縄本島付近で発生して北上し、八月一日二一時に朝鮮半島西岸で消滅した。この間、台風六号は、東シナ海上で大量の海水を蒸発させ、水蒸気として大気へ供給したというのである。これはまだ仮説の域を出ないが、早晩詳細な解析により解明されるであろう。

　東北地方に住む私たちにとって、「土砂降り」と表現されるような状態の雨に出会うことはこれまでめったになかった。前の大学の研究室には九州出身の学生もいたが、彼らは異口同音に、東北地方の雨は、優しい、ですねと表現していた。雨粒が小さく、降り方も大人しい、というのである。

　それが最近は、今回の豪雨に象徴されるように、「降れば、土砂降り」状態が多くなってきた。このことは実際のデータにも現れている。気象庁によると、東北地方では、一時間降水量が三〇ミリメートルを超える降雨の年間発生数が、約三〇年で一・九倍になったという（山形県の気候変動：末尾にＵＲＬ）。なお一時間に三〇ミリメートル以上の雨とは、「バケツをひっくり返したように降る雨」と表現される。

この原因は、地球温暖化の進行である。将来予測においても、豪雨発生の頻度は、今後（今以上の）追加的な緩和策を取らない４℃上昇シナリオで、二一世紀末は二〇世紀末に比べて約二・五倍に、パリ協定の２℃目標が達成されたシナリオでも、約一・六倍に増加すると見積られている。

集中豪雨という短期間の気象現象であるが、地球温暖化が背景となって、その頻度と強度を増していることを私たちは認識しなければならない。豪雨による土砂崩れや浸水災害の低減のためにも、地球温暖化を一刻も早く抑えこむことが重要なのである。容易なことでは地球温暖化をくい止めることはできないのだが、まずは何ができるか、日々の私たちの行動を問い直す必要がある。

【参考ＵＲＬ】

１．山形気象台「低気圧や前線に伴う大雨（令和四年八月二日〜五日）」資料
https://www.jma-net.go.jp/yamagata/pdf/support/storm/2022_1.pdf

２．気象庁「線状降水帯に関する各種情報」
https://www.jma.go.jp/jma/kishou/know/bosai/kishojoho_senjoukousuitai.html

３．山形気象台・仙台管区気象台発行の「山形県の気候変動」リーフレット
https://www.data.jma.go.jp/sendai/knowledge/climate/change/leaf/yamagata_12022.pdf

（二〇二二年八月二〇日）

## 12　二〇二二年の梅雨入りと梅雨明けについて

今月（二〇二二年九月）一日（木）、気象庁は「夏（六〜八月）の天候」の報道発表を行った（末尾にＵＲＬを記す）。この中の三番目の項目に、「令和四年の梅雨入り・明け（確定値）」がある。今年の梅雨入り日と梅雨明け日の、既にその都度報道されていた速報値（末尾にＵＲＬ）と、今回の確定値とを、表１に示す。

気象庁は日本周辺における気圧配置や前線の形成、その動き、各地の天気の状態などから総合的に判断し、梅雨の開始時期（梅雨入り日）と終了時期（梅雨明け日）を判定して発表している。ただし、ある日を境にして急激に天気が変わるわけではなく、ある程度の移行期間（五日程度）をおいて変わるので、その中ごろの日を梅雨入り日や梅雨明け日としている。日本は東西、南北にある程度の範囲を持っているので、地域的な特性を踏まえ一二の地域に区分し、それぞれに対して判定する。

さて、今年の梅雨入りと梅雨明けである。速報値では、九州以北に限れば六月中旬に梅雨入りし、東北北部を除き、六月末までには梅雨明けした、と発表されていた。そのため、ほとんどの地域では、約二週間で梅雨が終わったとのことで、「史上最短の梅雨になった」と報じられていた。

この報道の後、七月に入ると、上旬は高気圧に覆われ、気温の高い日が続いたものの、中旬になると、西・東・北日本では低気圧や前線、湿った空気の影響で、降水量の多い状態が続くことになる。このため、「戻り梅雨」のような様相を呈していた。

このようなことで、九月に入ると、気象庁が梅雨入り日・梅雨明け日を確定することを知っている人は、今年の梅雨入り日・梅雨明け日は、速報値から変更されるのではないかと思っていたのではなかろうか。

そして冒頭に記した九月一日の気象庁の報道発表である。梅雨入り日は奄美・北陸・東北南部・東北北部を除き、概ね速報値に近い日であったが、梅雨明け日は大幅に変更された。九州南部以北の梅雨明けは、速報値より一か月ほど遅い、七月下旬とされた。さらに、北陸・東北南部・東北北部に至っては、「特定できない」との判定であった。この九月一日の報道発表を受け、翌日の新聞紙上では、「梅雨明け、最短ではなかった」「一転して、長期の梅雨に」との表現で、梅雨明け日の確定を大きく報じた。

速報値と確定値が異なることは珍しいことではなく、これまでもかなり頻繁に起こっているのだが、今年のように一か月も異なることは珍しい。確かに、七月の「日々の天気図」（末尾にＵＲＬ）を見ると、一四日ごろまでは低気圧の通過はあるものの日本周辺には停滞性の前線（梅雨前線）は形成されていない。それが一五日以降になると、再び停滞性前線が日本付近に現れるようになる。気象庁は、この状態を「梅雨の戻り」ではなく、「梅雨の継続」とみなしたのであった。

大気は無限とも言える大きな自由度を持つ系（シス

テム）である。ここで〝自由度〟は、〝取りえる状態の数〟とも言い換えられる。大気の現象では、全く同じ状態が出現することはなく、また、時間的にも時々刻々変化している。このような複雑系である気象システムを相手に、このような状態は梅雨で、このような状態は梅雨ではない、と二値化（yes or no）して断定することはどだい無理とも言える。それでも可能な限り類型化して理解することも重要なことであるので、無理を承知で行っているとも言える。

また、梅雨は春から夏への遷移するときに一回（のみ）経験する出来事、としているのも縛りが強すぎるのかもしれない。「戻り梅雨」は「二回目の梅雨」であるとし、梅雨は何度でも起こりえる、と扱うのも一つの考え方かもしれない。

なお、気象庁が速報的に出す梅雨入りや梅雨明けに関する表現は、「梅雨入りしたとみられる」や「梅雨明けしたとみられる」である。これが多くのメディアでは、気象庁が「梅雨入りを宣言した」や「梅雨明けを宣言した」として報道してしまうことが多い。きっと気象庁では、〝宣言〟なんてしていないのになーと思っているに違いない。

自然現象はとても複雑で、一筋縄ではいかないものです。

【参考ＵＲＬ】

1．気象庁「夏（六～八月）の天候」
https://www.jma.go.jp/jma/press/2209/01b/tenko220608.html

2．同「令和四年の梅雨入りと梅雨明け（速報値）」
https://www.data.jma.go.jp/cpd/baiu/sokuhou_baiu.html

3．同「昭和二六年（一九五一年）以降の梅雨入りと梅雨明け（確定値）」
https://www.data.jma.go.jp/cpd/baiu/index.html

4．同　二〇二二年七月の「日々の天気図」
https://www.data.jma.go.jp/fcd/yoho/wxchart/quickmonthly.html?show=202207

表１．2022 年の梅雨入り日・梅雨明け日の速報値と確定値。2022 年９月１日の気象庁報道発表「夏（６～８月）の天候」より。速報値と確定値が５日以上ずれた日の確定値に下線を引いた。

| | 梅雨入り日 | | 梅雨明け日 | |
|---|---|---|---|---|
| 地域名 | 速報値 | 確定値 | 速報値 | 確定値 |
| 沖　縄 | 5月　4日 | 5月　4日 | 6月20日 | 6月20日 |
| 奄　美 | 5月11日 | 5月　5日 | 6月22日 | 6月22日 |
| 九州南部 | 6月11日 | 6月10日 | 6月27日 | 7月22日 |
| 九州北部 | 6月11日 | 6月11日 | 6月28日 | 7月22日 |
| 四　国 | 6月13日 | 6月11日 | 6月28日 | 7月22日 |
| 中　国 | 6月14日 | 6月11日 | 6月28日 | 7月26日 |
| 近　畿 | 6月14日 | 6月14日 | 6月28日 | 7月23日 |
| 東　海 | 6月14日 | 6月14日 | 6月27日 | 7月23日 |
| 関東甲信 | 6月　6日 | 6月　6日 | 6月27日 | 7月23日 |
| 北　陸 | 6月14日 | 6月　6日 | 6月28日 | 特定できない |
| 東北南部 | 6月15日 | 6月　6日 | 6月29日 | 特定できない |
| 東北北部 | 6月15日 | 6月　6日 | 7月26日 | 特定できない |

（二〇二二年九月二〇日）

## 13 嶋基弘選手の現役引退

プロ野球界ではシーズンの終盤になると、今季限りで現役を引退する選手のニュースが流れ出す。先月（二〇二二年九月）二九日（木）の朝刊で知ったのは、ヤクルトスワローズの嶋基弘選手の現役引退である。

嶋選手は一九八四年、岐阜県の生まれで、中京大学附属中京高校から國學院大學を経て、二〇〇七年にドラフト三位で仙台を本拠地とする楽天ゴールデンイーグルスに入団した。以後二〇一九年までの一三年間、イーグルスで活躍し、二〇二〇年から今年までの三年間はヤクルトスワローズで過ごした。

この間嶋選手は、入団から六年目の二〇一二年一二月から二〇一七年一二月までの五年間、プロ野球選手会の第八代会長を務めた。また、二〇一五年から二〇一八年のシーズンまでの四年間、イーグルスのキャプテンも務めた。多くの先輩選手がいる中、選手会の会長やキャプテンを若くして務めるとは、これも嶋選手の統率力と、何よりも人柄が買われてのことだったのだろう。

嶋選手は、二八日に行われた引退記者会見で指導者の道を歩むことを宣言した。彼は、一三年間のイーグルス時代、六人の監督の下でプレーしたが、中でも入団時の監督、野村克也さん（1935–2020：イーグルスの監督は2006–2009）と、東日本大震災が発生した二〇一一年から四年間指揮をとり、二〇一三年には日本一に輝いた星野仙一さん（1949–2018）に大きな影響を受けたという。そして、これからの目標は、野村監督のような名将（名監督）になることだと述べたという。

さて、多くの人に嶋選手を印象付けたのは、震災時の彼のスピーチではなかろうか。二〇一一年三月一一日（金）の午後二時四六分に発生したマグニチュード9・0の超巨大地震とその後の巨大津波により、東北地方の太平洋沿岸では人的にも物的にも甚大な被害が出た。この東日本大震災に打ちのめされた被災地の人たちは、四月に行われた嶋選手の二回のスピーチに大きな感動を覚え、元気と勇気を得た。もちろん、私もその一人であった。

最初のスピーチは、四月二日に札幌ドームでの震災復興チャリティ試合の開始前のセレモニーで行われた。二回目のスピーチは、四月二九日、Ｋスタ宮城での公式戦ホーム初試合後のセレモニーで行われた。

プロ野球の震災復興チャリティ試合は、四月二日と三日、全国六か所で行われた。予め日本野球機構から、試合前にこのようなことを述べてほしいと挨拶の原稿が各球団に届いていたのだそうだ。しかし、嶋選手は「上から目線」のこの原稿に違和感を抱き、球団職員の方と一緒に、スピーチの原稿を考えたのだという。

私はテレビのニュースや新聞などでこのスピーチを知ったのだが、マイクの前に直立不動で淡々と話す嶋選手の姿が今でも目に浮かぶ。後にこのスピーチの全文を調べてみた。「底力」という言葉がとても印象的であった。そのスピーチ全文を末尾に示す。

イーグルスが本拠地仙台に戻って初めての試合は、四月二九日に行われた。イーグルスの本拠地である仙台は、被災地のど真ん中で、電気、水道、ガスなどライフラインの復旧もままならなかった。実際、仙台市の中央部（青葉区立町）に位置した私のマンションのガスが復旧したのは、四月の中旬一六日のことで、イーグルスの試合が仙台で実現したのは、四月も終わりごろになってのことであった。

仙台市民はイーグルスが戻ったことに歓喜し、二万人を超える多くの市民が球場へと足を運んだ。相手チームはオリックスバッファローズで、田中将大投手の好投によりイーグルスが3対1で勝利した。嶋選手の二回目のスピーチは、この試合の後のセレモニーで行われた。

そのスピーチ全文も以下に示す。「誰かのために闘う人間は強い」というフレーズには感動する。二〇一一年、イーグルスは被災地のために懸命に戦うも、シーズンは五位に終わる。イーグルスが日本一になったのは、それから二年後の二〇一三年のことであった。

嶋選手にはこれから指導者として頑張ってほしい。そして、ゆくゆくはイーグルスの監督に就任し、二回目の日本一になってほしい。イーグルスの一ファンの願いである。


【二〇一一年四月二日、札幌ドームチャリティ試合前のスピーチ】

あの大災害、本当にあった事なのか…、今でも信じられません。

僕たちの本拠地であり、住んでいる仙台、東北が今回の地震、津波によって大きな被害を受けました…。

地震が起きた時、僕らは兵庫県で試合をしていました…。

家がある仙台にはもう一ヶ月も帰れず、横浜、名古屋、神戸、博多、そしてこの札幌など全国各地を転々としています。

先日、私達が神戸で募金活動をした時に、「前は私たちが助けられたから、今度は私たちが助ける」と声をかけてくださった方がいました。

今、日本中が東北をはじめとして、震災に遭われた方を応援し、みんなで支え合おうとしています。

地震が起きてから、眠れない夜を過ごしましたが、選手みんなで「自分達に何ができるか？」「自分達は何をすべきか？」を議論し、考え抜きました。

今、スポーツの域を超えた「野球の真価」が問われています。

見せましょう、野球の底力を。

見せましょう、野球選手の底力を。

見せましょう、野球ファンの底力を。

共にがんばろう東北！

支え合おうニッポン！

僕たちも野球の底力を信じて、精一杯プレーします。

被災地のために、ご協力をお願いいたします。


【二〇一一年四月二九日、Ｋスタ宮城公式戦ホーム初試合後のスピーチ】


本日は、このような状況の中、Ｋスタ宮城に足を運んでいただき、またテレビ、ラジオを通じてご覧いただき、誠にありがとうございます。この球場に来る事が簡単ではなかった方、ここに来たくても来られなかった方も大勢いらっしゃったかと思います・・・。

地震が起った時、僕たちは兵庫県にいました。遠方の地から家族ともなかなか連絡が取れず、不安な気持ちを抱きながら全国各地を転戦していました。報道を通じて被害状況が明らかになっていくにつれて、僕たちもどんどん暗くなっていきました。その時の事を考えると、今日、ここＫスタ宮城で試合を開催できた事が信じられません・・・。

震災後、選手みんなで「自分達に何が出来るか？」「自分達は何をすべきか？」を議論して、考えぬき、東北の地に戻れる日を待ち続けました。

そして開幕五日前、選手みんなで初めて仙台に戻ってきました。変わり果てたこの東北の地を「目」と「心」にしっかりと刻み、「遅れて申し訳ない」と言う気持ちで避難所を訪問したところ、皆さんから「おかえりなさい」「私たちも負けないから頑張ってね」と声をかけて頂き、涙を流しました。

その時に何のために僕たちは闘うのか、ハッキリしました。

この一ヶ月半で分かった事があります。それは、「誰かのために闘う人間は強い」と言う事です。

東北の皆さん、絶対に乗り越えましょう。今、この時を。

絶対に勝ち抜きましょう、この時を。

今、この時を乗り越えた向こう側には強くなった自分と明るい未来が待っているはずです。

絶対に見せましょう、東北の底力を！


本日はありがとうございました。

【参考URL】

1．二〇一一年四月二日、札幌ドームでのチャリティ試合前での嶋選手のスピーチ
https://www.rakuteneagles.jp/news/detail/1189.html

2．二〇一一年四月二九日、本拠地Kスタ宮城での公式戦ホーム初試合後の嶋選手のスピーチ
https://www.rakuteneagles.jp/news/detail/1253.html

（二〇二二年一〇月二〇日）

## 14

# 有馬敲さんの詩「会議」

詩人有馬敲《ありまたかし》さん、本名西田綽宏《にしだのぶひろ》さんが亡くなられたことを、一〇月五日（水）の朝日新聞の記事で知った。九月二四日に脳出血で亡くなられたらしい。有馬さんは一九三一年、京都府の生まれで、享年九〇であった。

死亡告知記事の後半には、関西詩人協会の代表や、日本モンゴル交流協会の会長を務められたことが述べられていた。そして、この記事は次の文章で締めくくられていた。「値上げをめぐる発言の変遷をやゆした詩『変化』が、フォークシンガーの故高田渡の作曲で『値上げ』という歌になったことで知られる。」

私は今年（二〇二二年）二月のこの「折に触れて」（No・5）の欄で、高田さんの「値上げ」という歌は、高田さんの作詞・作曲と思っていたが違っており、有馬敲さんの詩であった、との話を書いた。その時有馬さんはご存命であったので、有馬さんの名前の後ろに括弧書きで生年のみを入れていたのだが、こんなに早く没年まで書くことになろうとは。とても残念なことである。

さて、そのエッセイの最後に、「会議」という詩も傑作ですよと記した。今回はそのさわりを紹介したい。一連三行からなる、全六連の短い詩である。以下、最初の二連と最後の二連を記す。その間の二連は、皆さんのご想像にお任せします。

会議

本会議のために
運営委員会をひらき
遅刻する

運営委員会のために
特別委員会をひらき
居眠りする

第三・四連　略

小委員会のために
準備会をひらき
欠席する

準備会のために
宴会をひらき
張り切る

第六連目に、ちゃんと〝落ち〟（!?）も用意された詩になっている。皆さん、思い当たること、ありませんか？

【参考文献】
1．有馬敲、二〇一六：『有馬敲詩集』、現代詩文庫225、思潮社、二五八ページ。

（二〇二二年一〇月二〇日）

# 15 山形大学の大学祭 ―小白川キャンパスの八峰祭―

現在、山形大学の大学祭は、飯田キャンパスを除く三キャンパスで個別に行われている。これらの大学祭を、小白川キャンパスでは八峰祭《やつみねさい》、米沢キャンパスでは吾妻祭《あづまさい》、鶴岡キャンパスでは鶴寿祭《かくじゅさい》と呼んでいる。このうち、吾妻祭は米沢に近い名峰吾妻山から、鶴寿祭は鶴岡の鶴に縁起のいい寿を添えた名称だろうと理解できる。では、小白川キャンパスの大学祭「八峰祭」はどこから来たのであろう。八つの峰は具体的にどの山を指すのだろうか。

八峰祭という名称の由来を本部事務部総務部総務課副課長の齋藤靖さんにお聞きしたところ、校友会事務局長の樋口浩朗さんへ問い合わせてくれた。そして樋口さんはさらに先輩の方に聞いてくださったのだという。その結果、八峰とは、山形県の高峰である鳥海山（二二三七メートル）、月山（一九八〇）、蔵王山（熊野岳、一八四一）、朝日岳（大朝日岳、一八七〇）、飯豊山（大日岳、二一二八）、吾妻山（二〇二四）の六座に、羽黒山と湯殿山を加えた八つの山を指すのだそうだ。

上記六座は、深田久弥の『日本百名山』（新潮社、一九六四年：新潮文庫、一九七八年）で取り上げられた山形県の名峰である。山名の後ろのカッコ内の数字は、この本に記された山の高さであるが、現在認定されている高さとは少し異なるようだ（末尾の注参照）。これら六座に、羽黒山（四一四：国土地理院）と湯殿山（一五〇〇）を加えたのは、月山とともに出羽三山と呼ばれる信仰の山であり、本県の山の中ではもっとも知られた山だからであろう。八峰祭なる名称が決まるまでどのような議論がなされたのかは分からないが、本学の諸先輩方は、八つの高峰・名峰を持つ山形県の大学、山形大学ということで、小白川キャンパスの大学祭に八峰祭の名称を与えたのだろうと推察する。

ところで、一昨年と昨年の二回は、新型コロナウイルス感染症（COVID―19）のまん延により中止された。八峰祭は今年第56回としている。インターネットで調べたところ、二〇一九年は第53回であることが分かった。すなわち、中止になったのだが、二〇二〇年は第54回、二〇二一年は第55回と数えているのである。このような数え方をこれまでずっとしているのであれば、第1回八峰祭は一九六七年に行われたことになる。

一九六七年と言えば、反戦運動や学生運動が盛んで、社会的に騒然とした時代である。当時の山形大学の状況は分からないが、そんな中にあって、学生や教員と保護者、そして地域の人たちや高校生、他大学の学生との交流を目指した大学祭が計画され、その大学際に八峰祭の名称が与えられたのだろう。

一九六四年に出版された深田久弥の『日本百名山』はすぐにベストセラーになり、同年、読売文学賞を受賞している。（私の推測が正しければ）上記のように八峰祭の第1回は一九六七年であるから、本の出版後三年目にあたる。八峰祭の命名には『日本百名山』から大きな影響を受けた、と考えるのは自然ではなかろうか。また、山形県民になじみ深い羽黒山と湯殿山という二座を加えて八座にすることで、末広がりの縁起のいい〝八〟を使えるようにしたのであろう。

「山形大学五十年誌」を紐解いてみたのだが、残念ながら小白川キャンパスの大学祭についての記述から、第1回がいつ行われ、名称がどのようにして決まったかなどの情報を得ることができなかった。山形大学のOB・OGの皆さん、八峰祭の名称のことや第1回八峰祭がいつ行われたかなどに関して、情報をお持ちの方は提供して頂けないだろうか。

【注：現在認定されている山の高さ】

国土地理院のウェブサイト（＊）から現在認定されている山の高さを示す。日本百名山に記載されている高さと多少の違いがあるが、この差異は測量した時の精度の問題であると考えられる。なお、日本百名山の数値が間違っていると主張するものでないので注意されたい。

＊ https://www.gsi.go.jp/kihonjohochousa/kihonjohochousa41139.html

| 山　名 | 最も高い場所 | 『日本百名山』に記載の高さ | 現在国土地理院が認定している高さ |
|---|---|---|---|
| 鳥海山 | 新　山 | 2237 | 2236 |
| 月　山 | — | 1980 | 1984 |
| 蔵王山 | 熊野岳 | 1841 | 1841 |
| 朝日岳 | 大朝日岳 | 1870 | 1871 |
| 飯豊山 | 大日岳 | 2128 | 2128 |
| 吾妻山 | 西吾妻山 | 2024 | 2035 |

（二〇二二年一一月二〇日）

# 16 山形大学の大学祭 ― 鶴岡キャンパスの鶴寿祭 ―

本学の大学祭についてインターネットで調べている中で、二〇一〇（平成二二）年度の国立大学協会の資料として、その年度に各大学で開催される大学祭の一覧表があることが分かった。それによると、本学では、一〇月九・一〇・一一日に吾妻祭が、一〇月一〇日に希華祭が、一〇月二三・二四日に八峰祭が、一一月六・七日に「一一月祭」が開催されると記されている。

そしてこの表には、大学祭の情報の問い合わせ先として、「山形大学小白川事務部学生支援ユニット課外活動担当」とあり、電話番号が公表されていた（現在は「学務課学生支援担当（学生企画・課外・寮務）」）。

この表から、鶴岡キャンパスの鶴寿祭はもともと「一一月祭」と呼ばれていたこと、また、飯田キャンパスで行われていた大学祭は「希華祭」（きっかさい）という名前で、二〇一〇年度は開催されていることが分かった。

さて、鶴寿祭は、二〇一〇年度までは一一月祭と呼ばれていたことが分かったが、では、いつから鶴寿祭と呼ばれたのだろうか、そして名称変更の理由は何だろうか、と思い農学部教授で副学長の林田光祐先生にお尋ねしたところ、次のような話を聞くことができた。

鶴岡キャンパスの大学祭は例年一一月上旬に行われていたので「一一月祭」なのだが、収穫した農作物を提供できる時期にしようではないか、という話が持ち上がったのだという。しかし、九月はまだ夏休み中であること、準備期間が必要だったので、結局一〇月以降になったらしい。それでも時期を少しでも早めた方がいいのでは、ということになり、それに伴い名称も「鶴寿祭」に変更されたのではないかという。林田先生曰く、学生たちが考えたにしては鶴寿祭とは、古風な名前を付けたものだ、とのことであった。

ではいつ名称変更が行われたかであるが、林田先生は最近だと思うがはっきりとは分からないとのことであった。そこで鶴岡キャンパス事務部学務部学務担当の係長、那須奈緒さんに尋ねたらどうか、との話になった。

早速、那須さんに問い合わせたところ、すぐに調べてくれて、以下のような返事をもらった。

「お問い合わせいただいた件ですが、二〇一一（平成二三）年度から『鶴寿祭』に名称を変更したようです。当時のパンフレット等、何か資料があればと思ったのですが、平成二三年度以前の資料・データは残っておらず、平成二四年度のパンフレットに掲載されていた学部長挨拶等で判明いたしました。(参考までに平成二四年度開催時のパンフレット（案）を添付いたします。)」

早速パンフレット（案）を見たところ、那須さんのメールにあるように、当時農学部長であった西澤隆先生（現名誉教授）の「『鶴寿祭』の開催を祝して」と題する挨拶文の中に、鶴寿祭が二〇一一年度に始まったことが明記されていた。以下、挨拶文の最初のパラグラフを引用する。

「農学部の創立以来長きに渡り『一一月祭』として開催されて来ました山形大学農学部祭は昨年度から『鶴寿祭』と名称を変更し山形大学の開学記念日（注：一〇月一五日）に合わせて実施されましたが、今年度は諸般の事情により一一月に開催されることになり、農学部伝統の『一一月祭』が復活した感があります。」

この文章で、鶴寿祭への名称変更は二〇一一年度であること、開催日程の都合で一一月祭の名称は不都合なので名称を変更したことが確認された。

その後もインターネットで調べたところ、毎年農学部が発行している「山形大学農学部年報」に諸行事の日程が記載されており、その中に一一月祭や鶴寿祭の開催日も示されていることが分かった。農学部のウェブサイトでは二〇〇九年度から年報を見ることができるので、それらから毎年の開催日を拾ってみた。これらの情報を末尾の表に示す。なお、年報には毎年決められる祭のテーマは書いていない。そこで、インターネットで調べられる範囲で分かった祭のテーマも記した。

ところで、二〇一一年度より開催時期を早めたというが、二〇一八年度を除き、ほとんどが一一月に開催されている。鶴岡キャンパスの大学祭は、〝一一月と相性がいい〟のかもしれない。

また、鶴寿祭では、第××回という数え方をしていないようである。表にあるように、今年度の鶴寿祭は10回目であった。

表1．11月祭と鶴寿祭の開催日と、祭のテーマについて（2008年以前は未調査）

| 西暦（和暦）年度 | 開催日（土・日） | 祭り名 | 備考（テーマ等） |
|---|---|---|---|
| 2009（平成21）年度 | 10／31～11／1 | 11月祭 | 不明 |
| 2010（平成22）年度 | 11／6～7 | 〃 | 不明 |
| 2011（平成23）年度 | 10／15～16 | 鶴寿祭① | 不明 |
| 2012（平成24）年度 | 11／24～25 | 〃　② | つながり |
| 2013（平成25）年度 | 11／3～4 | 〃　③ | 不明 |
| 2014（平成26）年度 | 11／2～3 | 〃　④ | 不明 |
| 2015（平成27）年度 | 11／7～8 | 〃　⑤ | 不明 |
| 2016（平成28）年度 | 11／5～6 | 〃　⑥ | 不明 |
| 2017（平成29）年度 | 11／5～6 | 〃　⑦ | 菜食兼美 |
| 2018（平成30）年度 | 10／13～14 | 〃　⑧ | 色彩　食彩　鶴寿祭 |
| 2019（令和元）年度 | 11／2～3 | 〃　⑨ | 笑顔満祭 |
| 2020（令和2）年度 | 中　止 | — | — |
| 2021（令和3）年度 | 中　止 | — | — |
| 2022（令和4）年度 | 11／5～6 | 〃　⑩ | アスパラ |

（二〇二二年一二月二〇日）

# 17 山形大学の大学祭 ―五十年誌から（1）―

本学の大学祭について、『山形大学五十年誌』（以下、五十年誌と記載）から得た情報を、二回にわたり紹介する。五十年誌は、「山形大学創立五十周年記念誌発行実施委員会」が編んだもので、開学五十周年となる一九九九（平成一一）年一〇月一五日の開学記念日に刊行された。

なお、このような記念誌の発行は時間がかかるもので、出版は一九九九年であるが、原稿が執筆されたのは一九九八年ではなかろうか。実際「あとがき」には、「一二月末までに各編の原稿はほぼ出揃い、平成一一（一九九九）年一月に原稿整理を経たのちに印刷発注の運びになった」とある（八二三ページ）。そこで、五十年史の原稿は一九九八年に執筆されたものとして扱う。

**1．「総説編　第1章　山形大学の50年」に記載された大学祭**

「総説編　第1章　山形大学の50年、第5節　大学改革の嵐、2．その他の変革、（6）学生の活動」（一一六～一一八ページ）の中に、「大学祭」の項目がある。少し長いのだが、該当箇所を全文引用する。この第5節の執筆者は、当時人文学部に所属していた芦立一郎教授（現本学名誉教授）である。まず、小白川地区の大学祭について。

「大学祭は、小白川、米沢、鶴岡の各地区でそれぞれ学生が実行委員会を組織して実行している。小白川地区では、例年、秋文化の日の前後に『八峰祭』の名称を冠しておこなわれている（一九八三年度よりこの名称、ここ数年一九九六年以降は『八峰祭』の名称は用いていない）。設定された共通テーマのもとに実行委員会の全学企画、学生有志の一般企画が展示される。近年の企画をしめす。

一九九〇（平成二）年度『イチョウ並木の真ん中で……山大POWER全開！』、一九九一（平成三）年度『君は自己を表現できる』、一九九三（平成五）年度『つどえば充実』、一九九四（平成六）年度『WANT　LOVE』、これ以降は明確な主題を設定することはなくなった。時宜をえたテーマ・企画も相当数見受けられるが、一般企画の多くは飲食にかかわる模擬店であり、日頃行われているサークル活動の成果を発表する企画はあまりない。小白川以外の地区の企画にくらべて、地域の興味を引く内容は少ない。」

芦立先生の八峰祭に対する評価は手厳しい。それはさておき、八峰祭という名称は一九八三年度より使用したこと、一九九六年以降数年、この文章が書かれた一九九八年ごろまで、八峰祭の名称は使われていないと明言している。前々回のこの欄で、二〇二二年度八峰祭は第56回であることを根拠に、第1回八峰祭は一九六七年に開催されたと私は推測したのだが、芦立先生の記述とは大きな齟齬がある。今後事情を調べるべき大きな課題である。

また、一九九六年度以降数年間は八峰祭の名称を用いていないとしている。もちろん、あり得ないことではないが、そうならばなぜその名称を使わなかったのか、その後どのようにして名称が復活したのか、などの疑問が湧いてくる。ここも今後調べたいと思っている。

芦立先生は、先の文章に続け、小白川地区以外の地区の大学祭に言及する。

「米沢では、毎年一〇月、『工学部祭』として実施されている。重要文化財の『旧米沢工業高等学校本館』の一般公開および研究室の公開が主な企画であるが、いずれも多数の市民が参観する。医学部では三年に一度『医学部祭』がひらかれる。鶴岡の農学部では『一一月祭』収穫を祝う行事として実施され、農作物の即売などの企画は地域住民に勧化されている。」

米沢地区の大学祭が「吾妻祭」として米沢女子短期大学と合同で行われるようになったのは、一九九五年度からのことである。一九九八年の執筆当時、既に吾妻祭に名称が変更になっていたはずであるが、この文章には反映されていない。

医学部では「医学部祭」が「三年に一度」開催されているとある。私にとっては新しい情報である。前回のこの欄で述べたように、医学部の大学祭は「希華祭（きっかさい）」と呼ばれていた。（注：希華祭の名称は、二〇一〇年に開催された一回限りのものであることが、その後判明した。）

鶴岡地区の農学部の記載はこれまでの情報と整合的である。前回この欄で記したように、「一一月祭」が「鶴寿祭」に名称が変更されるのは、二〇一一年のことである。

## 2.「学部・部史編　第2章　文理学部史」に記載された大学祭

五十年誌には総説編「第1章山形大学の五十年」の

あとは、学部・部史編があり、第2章文理学部史から、第9章医学部まで、各学部の歴史や現状などが記載されている。それらの中には大学祭に関連する記述も見受けられる。以下、それらを紹介する。はじめに「第2章　文理学部史」から取り上げる。

文理学部は、一九四九年五月三一日の開学と同時に旧制山形高等学校を母体として設置された。そして、一九六七年六月一日に、人文学部、理学部、教養部の三学部に分離改組された。なお、実際に組織がなくなるのは、在学全員が修了するまで待つので、一九七〇年三月の文理学部第一八回卒業証書授与式を経ての事である。

はじめに、「文理学部略年表」（一五九～一六四ページ）から、大学祭関連の事項を取り出そう。この年表は昭和年で示されている。

| | 昭和年 | 月 | 日 | 事項内容 |
|---|---|---|---|---|
| 1 | 二六 | 一〇 | 一四～一五 | 開学記念第一回大学祭、文理学部十月祭開催 |
| 2 | 三四 | 一一 | 一五 | 開学一〇周年記念大学祭 |
| 3 | 三六 | 一一 | 一四～一八 | 大学祭 |
| 4 | 四三 | 一一 | 一～七 | 大学祭（大学祭予算要求と大学予算公開要求） |

六ページにわたる略年表であるが、大学祭関係はこの表のように四つの項目のみの記載であった。

まず、項目1にあるように、山形大学の第1回大学祭は、開学から二年後一九五一（昭和二六）年に開催されたことが分かる。同時に「文理学部十月祭」も（別建てで？）開催したようだ。ところで、旧制山形高等学校時代に「学校祭」なるものは存在したのであろうか。項目2からは、一九五九（昭和三四）年、開学一〇周年の大学祭が開催されたことが分かる。ただし、この間、大学祭が開催されていなかったのかどうかは不明である。

項目3にまた大学祭の記載があるが、期日が一一月一四～一八日と、五日間となっている。どのような催しが行われていたのだろう。そして、項目4の記載であるが、括弧書きとして「大学祭予算の要求と大学予算公開要求」とある。紛争の火種となったのであろう（後述）。

次に、本文の中から大学祭の記載を見ていくが、「第

2章 第5節 学生の動向」(一四六〜一六四ページ)の中の記載は、以下のように二つの項目である。なお、この第5節の記載も第1章と同様、芦立先生が担当されている。

「学友会」(一四七〜一四八ページ)の項目の中に、一九五〇年五月文理学部学友会が発足したことを述べ、「翌一九五一(昭和二六)年、山形大学学友会連合会として発会しその発会式を挙行した」とある。そして、「文理学部学友会には文化部・体育部合計三四団体が属し、体育競技大会・演劇・雑誌・大学祭等、その活動は年を逐って盛んになっていった」とある。当初の大学祭は、学友会連合会が主催して全学の大学祭を開いたのであろう。

大学祭に関する次の記載は「紛争の時代」(一五二〜一五八ページ)にある。一九六七(昭和四二)年、一九六八(昭和四三)年と次第に大学紛争が学内にも及んできたことが述べられ、「山形大学がいわゆる紛争状態に突入したのは、(昭和)四三年一〇月からであった」とし、以下のように述べる。

「発端は大学祭予算問題で、学生部が大学祭実行委員会の予算要求に応じないと、大学予算の公開要求を持ち出し問題を拡大していった。大学祭は一一月一日より七日まで開催されたが、教養部学生主体の喫茶店などが多く質的低下が目立っていた」と記す。

以下、大学紛争に記載が移り、結局大学祭問題がどう決着がつけられたのかの記載はない。おそらく、もっと重要な問題に焦点が移り、大学祭問題はうやむやになったのであろう。この問題、学生側が、紛争の拡大を企てて、多くの学生が絡む大学祭を取り上げ、大学側の理不尽な対応に抗議の声を上げた、というのが本当のところではなかったのか。推測であるのだが。

## 3. おわりに

本学の大学祭のルーツや歴史などを探っているが、今回は五十年誌に記載された大学祭について紹介した。色々と新しい情報が得られたが、「小白川地区の大学祭は、一九八三年度より八峰祭という名称を冠して行われている」とする芦立先生の記載を見つけた。本文に記載したように、今後この真偽を調べてみたい。

なお、本学OB・OGの方の中には、本学の大学祭に関して詳しい情報をお持ちの方もたくさんおられるのではなかろうか。どんなことでもいいので、自分の時の大学祭はこうであったなどと、教えてくださると幸いである。

(二〇二三年一月二〇日)

# 18 山形大学の大学祭 ― 五十年誌から（2）―

前回に続き『山形大学五十年誌』に記載された大学祭の内容について紹介する。なお、部局・部史編の「第4章　人文学部」「第5章　理学部」「第9章　医学部」には大学祭についての記載はなかった。

## 1．「第3章　教養部史」に記載された大学祭

開学時に旧制山形高等学校を母体に発足した文理学部は、一九六七（昭和四二）年六月、人文学部、理学部、教養部の三部局に分かれた。この中の教養部は、二〇年間存続し、一九九六（平成八）年三月にその歴史を閉じた。この章は、編集後記によれば一九九五（平成七）年三月に出版された『教養部の教育と研究　山形大学教養部の歩み』を再編集したものと記されている（二二一ページ）。

本章での大学祭の記載は一か所である。「第1節　教養教育の変遷　6．その他の教育」の一項目として「課外活動」が取り上げられている。その最後の節が大学祭に関する記述であった。以下、その節を引用する。

「大学祭（八峰祭）は実行委員会形式で行われるが、実質は教養部学生が中心となって行われてきた。昭和五〇（一九七五）年は二月、翌年は一月に行われ、昭和五二（一九七七）年以降は一一月に行われるようになった。」

一九七五年と翌一九七六年の大学祭は、一月や二月に行われている。雪の多い季節に大学祭が行われたのはどういう判断だったのだろう、などと疑問、否、興味が湧く。

## 2．「第6章　教育学部」に記載された大学祭

「第3節　学部体制の確立から充実発展へ」の中に、「3．学生の動向と変化の兆し」の項目があり、その最初の「（1）学友会の結成とその後の推移」の中に、大学祭の記述がある。

本学では、まず一九五〇（昭和二五）年一〇月に理学部に学友会が結成された後、他学部にも結成の働きかけがあり、翌一九五一（昭和二六）年二月、学友会連合会が結成されたという。教育学部の学友会の結成

はその年の一〇月であった。これに続いて、次のような記述がある。

「さて、学友会連合会の結成は大学全体の各種の課外活動との実施を可能にした。学部対抗競技大会、東北地区大学体育大会、美術展、音楽会、演劇コンクール開催、テント村、スキー村の開設、学術研究発表会の開催と論文集の発行、大学祭の開催など多彩な行事が企画された。」（四一〇ページ）

開学間もなく、学友会連合会の設立が大きな契機となり、大学祭も含めた多彩な活動が盛んになったようだ。

次に大学祭の記載があるのは、「第4節　学部機構の刷新と施設の拡充」の「6．学生の動向」の中である。その中の「（3）学友会」の項目の一つに、大学祭に関する次のような記載がある。

「学友会の活動の中に、全学大学祭参加、全学マラソン大会などもある。大学祭の時期や期間もはじめは一定しなかったが、七〇年代後半になると秋季にほぼ定着した。一九七七年は一一月一六日から四日間、教育学部学友会の参加テーマは、『学費値上げと中教審』、『教員採用試験の実態』、『女教師の生き方』などであった（『教育学部だより』第2号）」。

## 3.「第7章　工学部」に記載された大学祭

工学部は旧制米沢工業高等学校を母体とする部局である。本章の第11節は「学生関係」であり、この節の中の一項目が「5．大学祭」である。この項目の全文を以下に引用する。

「大学に昇格した翌年の一九五〇（昭和二五）年一一月には早速文化祭が行われ、その後各科対抗球技大会や学部対抗球技大会で置き換えられた時期があったり、あるいは都合により行われなかった年もあったが、大学祭や工学部祭などの名前で形、趣向を変えながら続けられてきている。また学内公開も一九五二（昭和二七）年五月に初めて行われたが、その後も学内公開単独で、また、大学祭に含まれる形で時々行われてきた。一九九五（平成七）年一〇月にはこれまで工学部単独で開催されていた大学祭が米沢女子短期大学と合同で吾妻祭として開催された。『地域に根づく開かれた学園祭に』というこの新しい企画は目論見通りの盛り上がりを見せ、以後吾妻祭は毎年行われ、今年（注：一九九八年）も第4回吾妻祭の準備が着々と進められている。」

工学部の大学祭は、開学翌年には「文化祭」として開催され、以後、行われなかった年もあったようだが、大学祭や工学部祭との名称で行われてきたようである。また、市民に対する学内公開も、当初は別企画であったが、大学祭と同時に行った年もあったという。吾妻祭となってからは、その「地域に根づく開かれた学園祭に」というコンセプトから大学公開も含めて大学祭を行うことになったようである。

なお、米沢女子短期大学は二〇一四（平成二六）年に改組され、四年制大学の米沢栄養大学が独立した。このため、同年より、吾妻祭は、三大学の合同大学祭と位置付けられている。昨年（二〇二二年）の吾妻祭は第二八回としているが、（当然であるが）上記五〇年誌の記載と整合的である。

## 4．「第8章　農学部」に記載された大学祭

農学部は、一九四七（昭和二二）年一月に当時の文部省から認可され、同年四月に入学生を迎えた山形県立農林専門学校を母体とする部局である。

大学祭に関する記載はほとんどなく、「第4節　学生の移りかわり」の「3．課外活動」の中にほんの少し触れられている程度である。

農林専門学校時代には校友会があり、農学部になり学友会になったことが述べられた後、次のような記載がある。

「一九六〇（昭和三五）年迄は、年によって多少異なるものの、学部祭行事のなかで講演会、生物研究発表会、収穫祭、弁論大会、ダンスパーティー、農産物品評会、演劇発表会、音楽鑑賞会、学内球技大会等が開催されていた」（六八〇ページ）。文章中では大学祭ではなく「学部祭」と表現されているが、かなり多彩な催しを行っていたようである。

以下、農学部のサークル活動の紹介が続く。最後の節で学友会活動が低下していることに言及される。そしてその最後に、大学祭のことが触れられる。以下、引用する。

「（略）また学友会主催のスポーツ大会は毎年前期の六・七月に行われていたが、これも一九八六（昭和六一）年を最後に行われておらず、現在会の主催する行事としては一一月祭があるのみである」（六八二ページ）。

学友会が最後まで行っていた行事が一一月祭であったようだ。なお、既に前々回報告しているように、二〇一一年から「一一月祭」は「鶴寿祭」と名称が変更され、学友会ではなく、実行委員会を結成して運営を行っている。

## 5．おわりに

前回と今回、本学五十年誌に記載された大学祭の内容を紹介した。まったく新しい情報やこれまで得ている情報と整合的なものもあれば、そうでないものもあった。そうでないものの一つが、一九八三年度から八峰祭の名称が使われたとする記載である。このあたりの事情を今後確かめたいと思っている。

前回も最後に記したのだが、再度お願いしたい。本学OB・OGの方の中には、本学の大学祭に関して詳しい情報をお持ちの方もたくさんおられるのではなかろうか。どんなことでもいいので、自分の時の大学祭はこうであったなどと、教えてくださると幸いである。

（二〇二三年二月二〇日）

# 19 ラーメン消費額、山形市首位奪還

山形のラーメンは本当に美味しい。私は大の麺好きであり、連れ合いがいるときの土曜や日曜の昼は、連れ立ってラーメンやお蕎麦を楽しんでいる。新しくラーメン屋さんが開店したときには、一度は行ってみようと計画を立てる。

さて、先月（二月）七日（火）の朝は、多くの山形市民はソワソワしていたのではなかろうか。朝のテレビでは、「今日は八時半に総務省から家計調査が発表される日で、ラーメンの消費額で山形市が新潟市から一位を奪還するかどうか注目されます」と報じていた。

地元紙山形新聞のウェブサイトでは、八時五三分のタイムスタンプで、「山形市ラーメン消費額一位奪還」の見出しを付け、「総務省の二〇二二年の家計調査の結果が七日に公表され、一世帯当たりの中華そば（外食）消費額で山形市は一万三一九六円で一位となった。山形市のトップは二年ぶり」との速報を流した。そう、あの忌々しいプーチン戦争ではないが、今回山形市は首位の座を「奪還！」したのである。

この「ラーメン戦争」は、昨年二月に勃発した。一昨年までの八年間、一位を堅持していた山形市が、新潟市にその座を奪われたのである。その時の消費額は、新潟市が一万三七三四円、山形市が一万三四三四円で、その差はたったの三〇〇円であった。

この総務省の調査は、県庁所在地と政令指定都市が

対象である。また、山形新聞では単に〝一世帯〟という表現であったが、正確には〝二人以上の世帯〟である。ともあれ、この話は山形市や山形市民だけではなく、もう山形県、山形県民の問題でもあった。

人気番組に「秘密のケンミンSHOW極」がある。食べ物に関するテーマが多く、番組の流れはいつもワンパターンの展開ではあるが、その県ならではの食べ物とそれに対する熱い県民の思いが紹介される。芸達者な司会者のテンポもよく、私も毎回ではないが楽しんでいる。

新潟と山形のラーメン戦争は、昨年（二〇二二年）一〇月二七日(木)のこの番組で、「新潟には負けない！」として取り上げられた。日本一を奪われた山形県民が奪還に燃えている！」と県民の消費額一位へのこだわりが詳しく紹介されていて楽しめた。

ところで、この番組の中でのこと、山形県のあるテレビ局のニュースで、山形県は「三年平均の数字」ではラーメン消費額は今年も一位であると報じたことを取り上げた。番組では、このニュースの内容は捏造されたもの、すなわちフェイクニュースと断じていた。ラーメンのことになると、山形の人は〝捏造〟まですするのか、と面白、おかしく冷やかしていた。しかし、このニュースはフェイクでもなんでもなく、「三年平均」であればまったく正しい情報なのである。もっとも、どうして三年平均値を使ったこのニュースが、この時期に報じられなければならないのかは、まったく理解できないのであるが・・・。

さて、一位奪還を果たした山形市であるが、翌八日には、「ラーメンの聖地、山形市」なる宣言を出した。八日付の毎日新聞記事によると、昨年首位を陥落したため、ラーメン店主らが危機感を持ち、『ラーメンの聖地、山形市』を創る協議会」を結成していたのだそうだ。市内の約一〇〇店のラーメン屋さんが加盟しているらしい。山形市にお店を持つ店主さんたちの心意気、これもさすがですね、感服します。

ここで水を差すつもりはまったくないのだが、私はこの「聖地」の使用には違和感を覚える。デジタル版『日本大百科事典（ニッポニカ）』は、聖地を以下のように説明する。「宗教的あるいは伝説的に日常の空間とは異なる神聖さをもち、通常タブーとされる区域」と。この本来の聖地が意味する観点からは、さてどうなのだろうか。

山形市の栄屋本店さんが考案した〝冷やしらーめん〟にちなみ、「冷やしラーメンの聖地、山形市」ならば納得もするが、私には「ラーメンの聖地、山形市」のキャッチフレーズはピンと来ないのである。「ラーメン天国、山形市」や「ラーメン王国、山形市」などの宣言ではどうだろうか。ラーメン好きにとっては天国のような山形市だし、日本一のラーメン好きに食べられるラーメンにとっても、天国のような山形市というわけである。

ところで、このラーメン戦争、どの程度全国的な話題なのだろうか。毎年この調査で有名なのが餃子戦争である。実際、発表の翌日（八日）の毎日新聞は、宇都宮市、浜松市、宮崎市の三つ巴による餃子戦争を全国欄で紹介していた。今回は宮崎市が二連覇とのことである。全国的には三つ巴で熾烈な戦いをしている餃子戦争に注目が集まっているのですかね。

さて、次の機会には、どのラーメンを味わうことにしようか、迷うところです。

（二〇二三年三月二〇日）

# 20 ゴミのこと、あれこれ

今回はゴミに関する三つの話。一般には「ごみ」と平仮名で書かれることが多いが、「ゴミ」と書いた方が私にとってはゴミらしい（!?）ので、前回（Ｎｏ・11、二〇二二年六月）に続き今回も多くのところでゴミと片仮名書きにする。

## 1．仙台市のプラスチックゴミの取り組み

今年（二〇二三年）の二月に仙台市を訪問した折、地下鉄の中で「プラは全部赤い袋へ」というポスターを見た。全面赤が基調のポスターで、仙台市のゴミキャンペーンのキャラクターである「ワケル君」が大きく印刷されている。「製品プラスチック分別収集　令和五年四月スタート！」の文字もあった。私はこのポスターの意味するところがその時は理解できなかったので、山形へ帰ってからインターネットで調べてみた。

プラスチック類は、大きく「容器包装類」と「製品プラスチック類」に大別できる。製品プラスチック類とは、ハンガーやストロー、フォークなど、プラスチック１００％の製品を指す。仙台市では、これまでも容器包装のプラスチックはリサイクルされていたが、製品プラスチック類は他の家庭ゴミとともに、焼却処理

されていた。

それが、昨年四月一日に施行された「プラスチック資源循環促進法」の下で、市町村がプラスチックゴミの再商品化計画を策定し、環境大臣と経済産業大臣の認可を受ければ、リサイクルが可能となる仕組みができたのだそうだ。

仙台市は、他の政令都市に先駆けて再商品化計画を作り、昨年九月三〇日に両大臣の認可を取得した。全国で第一号とのことである。計画期間は令和五年四月一日から令和八年三月三一日の三年間。なお、再商品化は「J&T環境株式会社」が行うことになっている。仙台市は回収のみを行い、業者は選別・洗浄、ペレットやフラフ（破砕物）等を作成し、最終的には物流パレットを製造する計画である。

仙台市のウェブサイトによると、処理過程の中に洗浄工程があるので、容器などの汚れは固形物が残らない程度に拭き取るか、軽いすすぎ等で十分だとのことである。また、チューブ類も中身を使い切った状態で出すことができるという。さらには、容器のラベルやシールを無理に剥さなくとも構わないという。このような取り扱いでいいのであれば、市民はずいぶんと気が楽になることだろう。

なお、この取り組みは五つある区でそれぞれ二地域を選び、この一月から先行実施しているという。

国連環境計画（UNEP）の二〇一八年六月の調査報告書によれば、プラスチック類の全生産量の中で容器包装類は、二〇一五年の統計では36％ともっとも多いという。また、二〇一四年の統計によれば、国別の一人当たりに換算すると日本は一年間に三二キログラムの包装容器プラスチックを消費しているという。この量は米国に次いで二位の多さである。

日本の'使い捨てプラスチック'（single use plastic）ゴミ（プラゴミ）の処理については、比較的うまくできているという評価である。すなわち、陸上での回収量が多く、海域に流出するプラゴミ類は、使用量に比べて少なくなっている。国全体での流出量は数万トンレベルで、この量は世界で三〇位という。しかしながら、回収したプラゴミは大半が焼却処理されるので、焼却熱を発電に使っているとはいえ、温室効果気体を増やさないという立場からは、もろ手を挙げて賛同されるものでなかった。

今回の仙台市の取り組みは再利用（reuse）を積極的に推し進めようとするもので、その成果が期待される。今後、この事業の検証を行い、その成果を公表してほしいものだ。

## 2. 燃えるゴミ、燃やすゴミ、それとも燃やせるゴミ?

ゴミは大別して家庭から出る「家庭」ゴミと、企業活動から出る「事業系」ゴミに分けられる。家庭ゴミもその種類によりいくつかに分別のうえ、収集されるのが普通である。分別されるゴミの名称は、地方自治体によって異なっている。

表題に挙げた呼称は、家庭ゴミの中でも日常的にもっとも多量に出る生ゴミなど、最終的に焼却場へ行くゴミに対するものである。多くの自治体では、これら三種類の中のどれかを取ることが多い。

まずは、山形県内から。山形市の表記は平仮名で「もやせる」ゴミであるが、対となる「もやせない」ゴミの区分はない。米沢市は「可燃性」ゴミと「不燃性」ゴミの区分。鶴岡市は「もやす」ゴミであるが、対となる「もやさない」ゴミの区分はない。

次に主な都市での表現。札幌市は「燃やせる」ゴミと「燃やせない」ゴミ、横浜市は対になっていないのだが「燃やす」ゴミと「燃えない」ゴミ、神戸市や福岡市は「燃える」ゴミと「燃えない」ゴミ、東京都や名古屋市は「可燃」ゴミと「不燃」ゴミ。一方、仙台市は「家庭」ゴミ、大阪市は「普通」ゴミの表現である。自治体によって実にいろんな表現をしていることが分かる。

さて、どの自治体も、具体的にはこのようなものが焼却するゴミで、このようなものが焼却しないゴミであると、詳しく解説した冊子を配布している。自治体によっては、物や製品の名称を入れるとゴミの種類を検索できるウェブサイトを準備しているところもある。

したがって、住んでいる人にとっては、表題に挙げた表現のどれでも構わない、紛れもないのであるが、それでも「燃える」ゴミや「可燃」ゴミの表現に私は違和感を覚える。燃えるものであれば何でも燃えるゴミとして出していいのですか、と突っ込みたくなるのである。その点、私たちの'意思'(!?)が入っている「燃やす」ゴミ、あるいは「燃やせる」ゴミの表現がはっきりしているように思える。

前に住んでいた仙台市では、焼却するかしないかの観点からの区別はなく、「家庭」ゴミと「資源」ゴミと区分している。仙台市では、「『資源になるか、ならないか』を基準に分別しています。『燃やせるごみ』『燃やせないごみ』の区別はありません。資源物を分別し、残ったものが家庭ごみです。」と説明している。これはゴミ処理に対するポリシーの一つの表れであろう。

何が'ゴミ'で、何が'資源'なのだろうか。ゴミ問題は難しい。

## 3．「燃やすしかない」ゴミと「埋め立てるしかない」ゴミ

この（二〇二三年）三月二七日（月）の朝日新聞に、「呼び方変えて　ごみ削減目指す」、「『燃やす』→『燃やすしかない』　京都・亀岡市が四月から」、「処理費用増　分別ルールを徹底」の見出しを持つ記事が掲載された。

京都府亀岡市がこの四月から、「燃やすごみ」を「燃やすしかないごみ」、「埋め立てごみ」を「埋め立てるしかないごみ」に名称を変更するとの記事である。その狙いは、見出しにあるように、分別を今以上にきちんとしてもらうことで、焼却炉で燃やすゴミを減量し、焼却炉を長持ちさせ、埋め立てるゴミを減量し、埋め立て処分場を延命化させることにあるという。

この名称変更には先行事例があるとのこと。福岡県柳川市は、二年前の二〇二一年一一月から「燃やすしかないごみ」に変更したのだそうだ。この改称とともに、指定のゴミ袋は値上げし、一方で、プラスチック類とペットボトル専用のゴミ袋を新たに作り、燃やすしかないごみの袋よりは安く提供した。このような変更の結果、「燃やすしかないごみ」は年間で10％減少し、一方でプラスチック類の量は2倍以上に増えたという。

狙い通りの結果となったことで、柳川市の担当者は「分別することが、市民の中で習慣になったのではないか。地球環境にも良く、市にとってもありがたい」と話しているという。

記事の中で、北海道大学の石井一英教授は、「呼び方を変えるのは名案」と評価し、「ホームセンターやスーパーなど民間企業が、段ボールや牛乳パックを集めるなど、資源化のルートが増えれば市民も出しやすくなる」と指摘している。石井教授のこのコメントは確かに頷ける。私もアルミ缶や新聞紙・古紙類などは、毎週市で行っている収集の方ではなく、月一回地域で行っている資源回収の方に出している。そうすることで、地域の活動や地域の小学校の運営資金に充当されることになるし、一方で市の収集の負担を軽くすることに貢献している、と思うからである。

「燃える、燃やす、燃やせる」ゴミから、「燃やすしかない」ゴミへの名称変更、今後考えてみてもよさそうである。

（二〇二三年四月二〇日）

# 21 美術館や博物館のキャンパスメンバーズ制度

ゴールデンウィーク半ばの数日は東京で過ごした。その中の一日、五月四日（木）に、待ちに待っていた二つの美術展に出かけた。一つは六本木の国立新美術館の「ルーヴル美術館展　愛を描く」（以下、ルーヴル展）であり、もう一つは皇居に隣接した北の丸公園にある東京国立近代美術館の「七〇周年記念展　重要文化財の秘密」（重文展）である。

どちらの美術展とも密の状態をできるだけ避けるとのことで、〝時間入場制〟を導入していた。そのため予約は日時指定であり、ルーヴル展は午前一〇時からの、重文展は午後二時からの入場チケットとした。

これら二つの美術展は前々から新聞に解説記事が出たりしていたもので、おおよその〝雰囲気〟らしきものは分かっていたが、やはり、実際の作品を目の前にするとその素晴らしさ、美しさ、迫力には圧倒される。

ルーヴル美術展の目玉の作品はフランソワ・ジェラール（1770 － 1837）による「アモルとプシュケ」（または「アモルの最初のキスを受けるプシュケ」、一七九八）であった。背中に羽の生えた愛の神様プシュケ（キューピッド：cupid）は、キリスト教画などの多くの作品に子供の格好で現れるが、この作品は若者として描かれているのが、私にとっては新鮮であった。一方で、一八世紀後半になっても、このような聖書やギリシャやローマ時代の神話に基づく主題の絵が描かれ続けていることに驚いた。この主題は時代を超えたものであることを物語っている。

重文展での〝私の最大の楽しみ〟は、この展覧会を取り上げた新聞記事で必ず上げられていたが、高橋由一（1828 － 1894）の油絵「鮭」（一八七七、東京藝術大学所蔵）を鑑賞することであった。初めてこの作品を知ったのは中学校の美術の教科書ではなかったろうか。写真で撮影したような、本物そっくりという写実的な描写が印象的であった。そして一方では、なぜこのような鮭が絵の主題になるのかと不思議に思っていた。今回、本物を見ることができ、本当に良かった。鮭の皮と、一部切り取られた身の部分の質感の違いなど、それはそれは素晴らしいものであった。この絵は、日本人によって西洋の技法（油絵）を用いて本格的に描かれた最初の絵画、と位置づけられているらしい。

さて、どちらの展覧会も十分楽しんだのであるが、入場料のことである。ルーヴル展は二一〇〇円、重文展は一八〇〇円であった。首都圏で開催されるほとんどの展覧会はこのような金額のようなのだが、少し高いのではないかとも思う。もちろん映画やコンサート、観劇などとは比較できないのであるが、少し割り高に思える。

これについて古賀太氏は、『美術展の不都合な真実』（新潮新書、二〇二〇）でそのからくりを紹介している。現在の特別展や企画展の多くは、新聞社やテレビ局などのメディアが主導しており、開催費用を全部メディア系が持つ、イベント、として開催されているという。その結果、多くの人たちを呼び込もうとするため、事前に大量の宣伝がなされる。結局、開催経費がかかり、また、利益も上げなければならないので、勢いチケットも高い料金設定となる。古賀さん自身も元は某新聞社で主宰する側にいたのだが、このような開催には批判的である。美術館の学芸員のアイデアと地道な交渉による本来の美術展の開催を期待している。

確かに、「ルーヴル展」は読売新聞社グループが主催に加わり、「重文展」は毎日新聞社と日本経済新聞社が主催に加わっている、メディア主導の美術展であった。

さて、仙台には宮城県美術館と仙台市博物館があるが、双方とも「キャンパスメンバーズ制度」を導入している。そして実際、多数の大学等の教育機関が加盟していた。構成員の人数によって会費は異なるが、学生と教職員合わせて二万五千人ほどの東北大学は、今から一〇年ほど前は、年間五〇万円であった（現在の会費は不明）。

加入した機関と所属構成員には種々の特典が与えられる。観覧料で言えば、常設展は無料で、特別展も半額となる。この特典、私のように美術展や博物展を楽しみにしている構成員にとっては、とても有難い。この制度では名誉教授も構成員とみなされており、私は現在もこの恩恵を受けている。

宮城県美術館や仙台市博物館の企画展の観覧料は首都圏より安く、一五〇〇円程度である。それが一人当たり七五〇円に割引になるのであれば、六〇〇〜七〇〇名が利用すれば、大学にとっても元が取れた状態となる。今から一〇年ほど前でも東北大関係者の利用者は二千人を超えていたので、十分元が取れていたのではなかろうか。

気になってインターネットで調べてみると、独立行政法人国立美術館に所属する国立西洋美術館などの七つの美術館もこの制度を持っていた。全国九〇数校の大学がこの制度に加盟しているようである。本県の東北芸術工科大学も、七館のうち五館のメンバーであった。芸術系の大学であるので、このような〝投資〟にも力を入れているのだろう。

山形県内の公的な美術館や博物館もこの制度を導入して頂けないかと思っているのだが、さて、どうなのでしょうね。（追記参照）

（二〇二三年五月二〇日）


【追記】

その後調べたところ、山形美術館はキャンパスメンバーズ制度を持っていることが分かった。山形大学もメンバーとなっているので、この追記で訂正したい。ただ、特典の内容は本文で紹介した宮城県美術館のそれらとは異なっている。例えば、教職員は教育目的の引率で入館するとき以外は特典の対象とはならない、など。


（二〇二四年五月二二日）

# 22 今年の全国新酒鑑評会

山形市の一世帯（二人以上）当たりのラーメン消費額の「奪還」に続き、もう一つの奪還が新聞紙上に踊った。とはいっても、奪還の言葉を使ったのは一紙（読売新聞）だけで、他紙は「日本一」の表現だった。

先月（二〇二三年五月）二五日（木）、全国新酒鑑評会で、都道府県別の金賞獲得数で一三年ぶりに山形県が単独一位となったとの報道である。ここ九年間は福島県がトップで、その一〇連覇を阻んだとのことであった。

今年のトップ5は、山形県（二〇）、兵庫県（一九）、長野県（一六）、新潟県（一五）、福島県（一四）であった。括弧内の数字は、金賞獲得蔵元数である。今年の鑑評会は、二〇二二年酒造年度（昨年七月から今年六月まで）に作られた酒に対するもので、一つの蔵元で一つの作品しか出品出来ないとのこと。今年は八一八の蔵元から出品があり、入賞は三九四、その中で特に優秀な二一八が金賞に輝いた。

出品できる酒は、精米歩合が60％以下の吟醸酒で、酸度が0・8％以上のもの、水などを入れてアルコール分を調整しない原酒、という縛りがあるのだそうだ。

このうち、精米率やアルコール分の無調整はそうだろうと思うのだが、酸度が条件に入っているのはどうしてだろう。酒にとって本質的な意味があるとは思うのだが。

さて、結果の発表の日は前日の二四日（水）であった。この日NHKテレビでは、五時台のニュースからこの話題を報じていた。福島県の名門蔵元から中継もしており、恐らく一〇連覇が分かった時点で、喜びの声などを流すように手配していたのだろう。新聞記事によると、福島県は一〇連覇を予想して、その祝賀セレモニーを計画していたのだそうだ。一〇連覇はならなかったが、このセレモニーは「金賞を祝う会」と名称を変更して行われたという（河北新報）。

東日本大震災から二年後の二〇一三年五月、福島県は二〇一〇年五月以来、三年ぶりの日本一に輝いた。その後日本一を続け、二〇一九年酒造年度の金賞審査は中止になったものの、昨年まで九連覇を達成していた。原発事故後、福島県の農産物や水産物は、放射線被ばく被害や、その風評被害にあって、消費者からは敬遠されがちな対象であったことは否めない。そんな中で、新酒鑑評会での金賞数日本一は、福島県民を大いに元気づけたであろう。また、蔵元の人たちもそれを励みに、品質の良い酒の生産に精進したことは間違いない。今回は残念な結果であったが、また、日本一の座を目指して頂きたい。

新聞とインターネットの記事から、酒造年度ごとの金賞数ランキングベスト3の推移を表1に示す。二〇〇〇年代は新潟県が圧倒的に強く、二〇一〇年代になると今度は福島県が圧倒的となる。その他の県では、山形県が単独で一回、同率で二回の計三回、兵庫県と長野県が同率で一回ずつにしか過ぎない。

新聞紙上では、今年福島県が苦戦した理由の分析もなされていた。出品する八割の蔵元は兵庫県産の「山田錦」を使っているという。数ある酒造好適米の中でも群を抜いているらしい。そういえば、あの山口県に蔵元がある「獺祭」も、兵庫県産山田錦で作られている。昨年の九月は高温が続き、山田錦は想定以上に「硬かった」のだという。そのため、「米を溶かすために多くの水が必要で、糖分が低くなり香りも出にくくなった」のだという（河北新報）。

一方で、山形県の酒が健闘した結果も分析されている。金賞を受賞した半数のお酒は、山形県が開発した酒米「雪女神《ゆきめがみ》」が使われていたからだそうだ。山形県はこれまでも酒造好適米の開発に取り組み、「出羽燦々《さんさん》」（一九九五年）や「出羽の里」（二〇〇五年）を発表してきた。そして二〇一五年に発表したのが、本県最高峰の酒造好適米である「雪女神」だったのだという。

県酒造組合の会長や県の酒造りのアドバイザーを務めてきた方からは、「行政、農業関係者、蔵元が、三位一体となって取り組んできた成果だ」や、「情報を共有しながら互いに競い合ってきたおかげ」などのコメントが出された。山形県の蔵元は、その時々の流行を追っての酒造りでなく、真に美味しいお酒を目指しての酒造りに力を入れているとの報道もあった。

ところで、私が五〇年過ごした宮城県の蔵元のことである。他県よりもいち早く純米酒の復活を目指した県として知られている。私もお気に入りの銘柄がたくさんある。表1の受賞ランキングベスト3からは、ここ二〇年で、二位に一回、三位に二回登場しているだけで、ちょっとさびしい。表1を掲載しているインターネットの記事には、都道府県別金賞受賞率（出品数に対する金賞獲得数）のベスト10も載っていた。これを表2に示す。なんと宮城県が二位を大きく引き離して群を抜いて一位である。もっとも絞って出品したのだろうと言われればその通りなのだが、これで少し安心しました（!?）。

さて、調子に乗って都道府県別の蔵元の数を調べてみた。これを表3に示す。お酒造りは、お米と水、そして気候が勝負なので、「東で多く、西で少ない」だろうと思ったのだが、そうでない例外の県があるなど、なかなか面白い。九州や沖縄は、それぞれ泡盛や焼酎の文化なので、数が少ないのは納得する。ただ、福岡県（六位）・大分県（一八位）・佐賀県（二四位）の九州北部三県と、鹿児島県（四六）・宮崎県（四五位）・熊本県（四二位）、長崎（三九位）の南部四県の違いは明瞭である。何の要素が効いてこういう差が生じたのだろうか。

ともあれ、全国新酒鑑評会、こういう競い合いは大歓迎ですね。日本酒の品質がますます上がることが期待できる。

さあて、今日も美味しい日本酒が待っていそうだ。

表１．酒造年度ごとの金賞数ベスト３都道府県。括弧内の数字は金賞の数。
（出典：https://www3.nhk.or.jp/news/html/20230519/k10014067801000.html）

<table>
<tr><th>酒造年度</th><th>１位</th><th>２位</th><th>３位</th><th>酒造年度</th><th>１位</th><th>２位</th><th>３位</th></tr>
<tr><td>2002</td><td>新潟（23）</td><td>山形（20）</td><td>広島（16）</td><td>2013</td><td colspan="2">福島・山形（17）</td><td>宮城（16）</td></tr>
<tr><td>2003</td><td>山形（24）</td><td>新潟（22）</td><td>福島・秋田（13）</td><td>2014</td><td>福島（24）</td><td colspan="2">山形・新潟（15）</td></tr>
<tr><td>2004</td><td>新潟（23）</td><td>山形（16）</td><td>宮城（14）</td><td>2015</td><td>福島（18）</td><td colspan="2">山形・兵庫（17）</td></tr>
<tr><td>2005</td><td>福島（24）</td><td>山形（18）</td><td>秋田・新潟（16）</td><td>2016</td><td>福島（33）</td><td>宮城（20）</td><td>秋田（16）</td></tr>
<tr><td>2006</td><td>新潟（24）</td><td>福島（21）</td><td>山形（19）</td><td>2017</td><td colspan="2">福島・兵庫（19）</td><td>新潟（14）</td></tr>
<tr><td>2007</td><td>新潟（25）</td><td>福島（17）</td><td>秋田・山形（16）</td><td>2018</td><td>福島（22）</td><td>秋田（18）</td><td>兵庫（16）</td></tr>
<tr><td>2008</td><td>新潟（22）</td><td colspan="2">福島・山形（18）</td><td>2019</td><td colspan="3">金賞の審査（決審）なし</td></tr>
<tr><td>2009</td><td>福島（20）</td><td>新潟（18）</td><td>秋田・山形・長野（17）</td><td>2020</td><td colspan="2">福島・長野（17）</td><td>秋田・新潟（13）</td></tr>
<tr><td>2010</td><td>新潟（23）</td><td colspan="2">福島・兵庫（19）</td><td>2021</td><td>福島（17）</td><td colspan="2">秋田・兵庫（13）</td></tr>
<tr><td>2011</td><td>新潟（24）</td><td>福島（22）</td><td>兵庫（20）</td><td>2022</td><td>山形（20）</td><td>兵庫（19）</td><td>長野（16）</td></tr>
<tr><td>2012</td><td>福島（26）</td><td>兵庫（17）</td><td>秋田・新潟（15）</td><td colspan="4"></td></tr>
</table>

表２．都道府県別金賞受賞率（2011年酒造年度から2017年酒造年度までの７年間の平均）
（出典：https://www3.nhk.or.jp/news/html/20230519/k10014067801000.html）

| 順位 | 都道府県名 | 受賞率（％） |
|---|---|---|
| 1 | 宮城 | 61.0 |
| 2 | 福島 | 54.4 |
| 3 | 高知 | 47.1 |
| 4 | 秋田 | 44.9 |
| 5 | 岩手 | 44.2 |
| 6 | 宮崎 | 41.7 |
| 7 | 山形 | 40.4 |
| 8 | 青森 | 40.3 |
| 9 | 兵庫 | 39.1 |
| 10 | 栃木 | 36.9 |

表３．都道府県別蔵元数（全 1164 蔵元：2021 年当時）
（出典：https://nlab.itmedia.co.jp/research/articles/783689/）

（二〇二三年六月二〇日）

| 順位 | 蔵数 | 都道府県名 | 順位 | 蔵数 | 都道府県名 | 順位 | 蔵数 | 都道府県名 | 順位 | 蔵数 | 都道府県名 | 順位 | 蔵数 | 都道府県名 |
|---|---|---|---|---|---|---|---|---|---|---|---|---|---|---|
| 1 | 88 | 新潟 | 12 | 30 | 宮城 | 23 | 22 | 島根 | 34 | 14 | 徳島 | 45 | 2 | 宮崎 |
| 2 | 72 | 長野 | | | 愛知 | 24 | 21 | 石川 | 35 | 13 | 和歌山 | 46 | 1 | 鹿児島 |
| 3 | 58 | 福島 | 14 | 28 | 秋田 | | | 佐賀 | | | 大阪 | | | 沖縄 |
| 4 | 56 | 兵庫 | | | 千葉 | 26 | 20 | 群馬 | | | 島根 | | | |
| 5 | 49 | 山形 | | | 山口 | 27 | 19 | 福井 | 38 | 12 | 北海道 | | | |
| 6 | 40 | 福岡 | 17 | 27 | 埼玉 | 28 | 18 | 三重 | 39 | 11 | 東京 | | | |
| 7 | 37 | 岐阜 | 18 | 26 | 奈良 | 29 | 17 | 岩手 | | | 長崎 | | | |
| | | 岡山 | | | 滋賀 | | | 静岡 | 41 | 10 | 山梨 | | | |
| 9 | 34 | 茨城 | | | 大分 | 31 | 16 | 青森 | 42 | 9 | 神奈川 | | | |
| | | 京都 | 21 | 25 | 栃木 | | | 富山 | 43 | 8 | 熊本 | | | |
| | | 広島 | | | 愛媛 | | | 高知 | 44 | 5 | 香川 | | | |

# 23 観測史上最も暑い日と温暖化懐疑論者

二〇二三年七月一〇日（月）、「速報値によると、観測史上最も暑い週となった。前例のない海面水温と南極海氷の消失（Preliminary data shows hottest week on record. Unprecedented sea surface temperature and Antarctic sea ice loss）」なる見出しを持つ記事が、WMO（世界気象機関）のウェブサイトのNewsの欄に掲載された（末尾にURLを記す）。

この記事によると、日本の気象庁が公表している「JRA―3Q」（気象庁第3次長期再解析データ）を用いて解析したところ、七月七日（金）の世界平均気温が17・24℃となり、これまでの記録である、強力なエルニーニョが起こっていた二〇一六年八月一六日の16・94℃を、0・3℃も上回る値であった、とのことである。なお、エルニーニョが起こると、世界平均気温は0・1～0・2℃上昇することが知られている。

記事の見出しで、preliminary data となっているのは、気象庁のデータが確定値でなく、まだ速報値であることを意識してのことである。後に確定値が出た段階で正式なものとなるが、この日が過去一番暑かったとの結果は、定評のある他の二つのデータの速報値とも整合的であったとしている。

また、先月六月の平均気温も、ヨーロッパ連合コペルニクス気候変化サービスとWMOの共同解析によると、一九九一年から二〇〇〇年の平均に比べると、0・5℃も高い気温であり、それまで最高であった二〇一九年六月の記録を、はるかに更新したという。

このような高温は、五月と六月の海面水温が同じく記録的に高温だったことによる。とりわけ北大西洋の高温が顕著であった。この理由は、短期の特異な大気循環と長期の海洋変動とが組み合わさった結果であると推測されている。

また、南北両半球の海氷面積についても言及されている。六月の南極の海氷面積は、人工衛星による観測が始まって以来、最小の面積だったという。最小だった二〇二二年の面積よりも、さらに一二〇万平方キロメートルも縮小していた。なお、北極の海氷面積は平均よりもやや縮小しているだけであり、過去八年間の六月の平均面積よりはだいぶ広かったという。

さて、記事はここまでであるが、WMOの主要解析データとして気象庁のデータが使われたことは大変喜ばしいし、以前、一連の事業の推進に関係していたものとして誇らしい。「JRA－3Q」の正式名称は、「Japanese Reanalysis for Three Quarters of a Century」の略で、直訳すれば、「3四半世紀間の日本の再解析」となる。JRA－25（二〇〇五年公表）、JRA－55（二〇一三年公表）に次ぐ、三回目の再解析事業で、データは二〇二二年に公表された（末尾にURL）。このデータは、その後、日々更新されている。

「再解析」は専門用語で、可能な限り入手したさまざまな過去の観測資料と、数値予報で使用されるその時代の最良の数値モデルを用いて計算し、時間的・空間的に均質で高精度のデータを作製することをいう。こうして再生されたデータを、「再解析データ」と呼ぶ。

観測値だけでは、時間的・空間的に、まばら（疎）であり、それらのみの利用では現象の全貌や本質にせまることは難しい。そこで、数値モデルに観測値を入れて計算することで、物理（運動学）的にも、熱力学的にも、互いに整合性のあるデータを作製することができる。世界の主要気象センターで試みられている事業である。中でも多く使われているのは、世界で六つの再解析データで、JRA－3Qがその一つであることは言うまでもない。

ところで、先月（二〇二三年六月）二四日（土）のS新聞の記事に目が留まった。小さな囲み記事であったが、同紙が主催した講演会で、ある方が講演したことを伝えていた。そしてこの記事には、講演の概要も記されていた。

この方は、「顕著な気温の上昇や台風の頻発、豪雨の激甚化は起きていない」と指摘し、さらに、「WMO（世界気象機関）が『異常気象が五〇年で五倍に増えた』と気候危機をあおっているのは、脱炭素を仕掛けるためだ」との見解を示したのだという。

さて、この方の講演の内容である。講演者が述べている「顕著な気温の上昇」や「豪雨の激甚化」は、既にデータできちんと証明されている、と私は考えている。一方、温暖化と台風の関係については、台風の数の増減は不明瞭で、むしろ減るのではないかとの指摘もあったし、現在のところ頻発もしていない。ただ、強い大型の台風、スーパー台風などと呼ばれているが、その出現割合は増えるのではないかと予測されている。すなわち、台風については、「頻発は起きていない」とのステートメントは私も同意する。

ともあれ、この方は地球温暖化を否定する立場に立っていることは明白である。現在、温暖化の議論に対して、異を唱える人たちがいる。①温暖化それ自体を認めない立場、②温暖化していることは認めるが、その原因が温室効果気体の増加とは無関係とする立場、③温暖化も、その要因が温室効果気体であることも認めるが、現在の一連の温暖化抑制の施策に反対の立場、という、大別して三つの立場の人たちである。この中で、①や②の立場の人たちを総称して、〝温暖化懐疑論者〟と呼んでいる。

二〇年も前であれば、確かに①の立場の研究者も多かった。一九七〇年代半ばより、顕著に世界平均気温が上昇し始めたが、自然が持っている変動、これを自然振動（natural oscillation）と呼ぶが、その影響もあるというので、気温の上昇は、即温暖化である、と判断することに慎重な研究者である。私もその一人であった。しかしながら、一九七〇年代半ばから既に五〇年を経て、温暖化は観測資料としても、計算機によるシミュレーション結果からも、疑いようのない事実として多くの研究者に受け入れられている。

さて、この方は、S紙に定期的に執筆している方で、現在叫ばれているような地球温暖化防止策を進めることは、日本経済にとって好ましくない、との立場をとっている。この方がそのような主張を繰り返していることとは分かっていたが、それでも温暖化それ自身を否定しているとは考えてもいなかったので、驚いた次第である。

温暖化が起こっていないとする温暖化懐疑論者の人たちを納得させるにはどうすればよいのだろう。これまでの私自身の経験もそうなのであるが、何を言ってもこの人たちは耳を貸さないのだろう。『ローマ人の物語』（新潮社、全一五巻）の著者、塩野七生さんは、ユリウス・カエサルの言葉、「人間ならば誰にでも、現実の全てが見えるわけではない。多くの人たちは、見たいと欲する現実しか見ていない」を紹介した。確かにそうなんだろうな、とため息が出る。

【参考URL】

1．WMOの記事を掲載しているウェブサイト
URL：https://public.wmo.int/en/media/news/preliminary-data-shows-hottest-week-record-unprecedented-sea-surface-temperatures-and

2．「JRA—3Q」を紹介している気象庁のウェブサイト
URL：https://jra.kishou.go.jp/JRA-3Q/index_ja.html#JRA-3Q

（二〇二三年七月二〇日）

# 24 国際研究集会も温暖化に配慮して開催

地震学や火山学、気象学や海洋物理学などの地球物理学系の学協会をまとめた国際学術組織を、IUGG（International Union of Geodesy and Geophysics：国際測地学及び地球物理学連合）と呼んでいる。その傘下に、上記の学術分野ごとの学協会が八つ設置されている。海洋物理学が専門である私の場合は、IAPSO（International Association of Physical Sciences of the Oceans：国際海洋物理科学協会）が関連する組織となる。

日本学術会議には、これらIUGGと八つの学協会の対応組織がある。IUGGは地球惑星科学委員会「IUGG分科会」が、IAPSOはさらにその下部組織の「IAPSO小委員会」が国内対応体である。

IUGGは四年に一度、IAPSOは二年に一度、世界各地で総会と国際研究集会を開催している。この集会には、世界中から研究者やその家族が数千人規模で参加する。一大イベントであるので、各国が名乗りを上げて研究集会を誘致することが一般的である。中でも四年おきに開催されるIUGGは、地球物理学系の研究者にとって〝オリンピック〟であり、多くの研究者がアピールする成果を持って参加しようと手ぐすねを引いて待っている。

IUGG総会が日本で開催されたのはこれまで一回のみで、二〇〇三年七月に札幌を会場として行われた。私は当時、日本学術会議地球物理学研究連絡委員会の幹事と、海洋物理学研究連絡委員会の委員長を務めていた関係で主催者側であった。天皇・皇后両陛下のご臨席を仰いで開会式を行った札幌IUGG総会には、世界中から四〇〇〇名を超す研究者の参加があった。

前置きが長くなったが、今年の八月二四日行われた日本学術会議のIAPSO小委員会の席上、IUGGは研究集会などの開催にあたり、出来るだけ二酸化炭素などの温室効果気体の排出を抑制する活動をするようにとの決議を行っていたことを知った。そしてIAPSOも、この決議に従い、研究集会開催についての行動計画を採択していたことも知った。

IUGGの決議とは、二〇一九年にカナダ・モントリオールで開催された総会で決議されたもので、「気候変化（注：地球温暖化のこと）の原因とその帰結をよく知っている研究者コミュニティは、二酸化炭素排出量の削減を行うため、これまでの慣行を廃止し、模範的な態度を示すべきである」と謳っている。

ＩＡＰＳＯは今年七月にドイツ・ベルリンで開催された総会で、このＩＵＧＧの決議に従った行動計画を採択した。その全訳を末尾に参考資料として挙げる。その中では、ＩＡＰＳＯ総会は、開催場所はできるだけ旅行に便利の良い場所を選ぶこと、対面とオンラインのハイブリッド開催とすること、旅行では可能な限り陸上交通機関を利用すること、などが謳われている。

従来、総会や研究集会の開催地は、比較的大きな都市であるが、風光明媚なところ、あるいは歴史的なところ、という観光的要素を持ったところで開催されることが多かった。研究集会ではあるが、観光の側面も無視できなかったのである。今回の決議や行動計画は、温暖化対策は待ったなしとのことで、二酸化炭素排出削減を第一に考慮して開催地を選ぶことを求めたのである。

大勢の研究者が集まる研究集会には、これまでも確かに批判があった。実際、地球温暖化を議論するＩＰＣＣ（Intergovernmental Panel on Climate Change：気候変動に関する政府間パネル）の会合にも批判が出ていた。会合を開くたびに、多くの研究者が飛行機を使って世界中から集まるので、多くの二酸化炭素を排出しているのではないか、という批判である。

数年前、スウェーデンの環境活動家グレタ・トゥーンベリさんができるだけ飛行機を使わずに移動をしているということで話題になった。ヨーロッパでは移動は飛行機を使わず、列車などの陸上交通機関を使うことが奨励されている。多くの人がこの考えに賛同しており、飛行機を利用することは、「Flight shame（飛び恥）」とも呼ばれているらしい。

エネルギーの消費量は移動の速さの二乗に比例するので、時間はかかっても、ゆっくりした移動をすることで二酸化炭素排出量を削減できる。なかなか旅行もできないのであるが、次の旅行では飛行機による移動を考えずに、地上での移動で、その移動自身を楽しむことにしようと、今年の暑い暑い夏を経験した今、そんな風に考えている。

【参考：ＩＡＰＳＯ行動計画の全訳（訳は筆者）】

ＩＵＧＧ決議１「研究者コミュニティによる二酸化炭素排出削減」を実現するためのＩＡＰＳＯ行動計画

ＩＡＰＳＯは二〇二三年七月のＩＵＧＧベルリン総会において、二酸化炭素排出削減のために、以下の行動計画を採択した。IUGG傘下の協会としてIAPSOは、二年ごとに対面での研究集会を開催している。そのうちの一回は、四年ごとに行っているIUGG総会と共同開催である。対面での会合は、科学や運営についての諸課題に対して深い議論ができることや、ネットワークを作る機会を与えるなど、多くの利点を有している。これら二年に一回の会合に出席するための飛行機利用の旅行を引き続き支援するつもりであるが、IAPSOは、以下に記すいくつかの特別な活動を通して、全体の二酸化炭素排出量を削減するために行動する。

・会合場所は、（例えば、旅行におけるハブや人口の中心地付近で会合を開催するなど）旅行の縮小に向けて最適化されるべきである。

・IAPSO集会は、対面プログラムを補完するために、オンライン参加を奨励し、促進する。

・IAPSOは飛行機による旅行に代わり、地上交通の利用を奨励するとともに、大部分の参加者が地上交通により八時間以内で到着できる場所での開催を推奨する。

・二〇二三年七月より、IAPSOはIUGG総会期間中に開催されない単独のIUGG運営会議には、オンラインでの参加のみとする。対面での参加は、運営会議が列車や地上交通で移動できるなど、特別の場合にのみ容認される。

・IAPSOは年次会合をオンラインやハイブリッド会合により行うこととする。

（二〇二三年七月二〇日）

# 25 脳のこり、脳の汗

がっさん通信「最近読んだ本から」の欄でも紹介したが、最近読んだ海原純子さんの『大人の生き方　大人の死に方』（毎日文庫、二〇二三）に、「脳のこり」の話がでてくる（一九八～一九九ページ）。「『そんな時間』を大事にしたい」と題するエッセイである。以下、その中の連続した二つの節を引用する。文中の「そんな時間」とは、一見、無駄なように思える時間のことを指す。

「私は『そんな時間』は人間すべてにとって必要なものではないかと思っている。体を例にとると、野球で肩だけを酷使すると肩の障害が起こる。パソコンで目を使い、座りっぱなしでいると眼精疲労から肩こりや腰痛を起こす。体は全身をストレッチし、バランスよく使うことでうまく機能するようにできている。

脳や心も同じではないだろうか。医師として、書き手として使うのは脳のごく一部である。そこだけ使っていると肩こりと同じで脳のこりを生むと思う。思考が硬直化するのだ。歌やトークで使う脳は全く違う。脳や心の違う部分を活性化することで全体がバランスよく機能する。」

海原さんは心療内科医で、クリニックを運営しているほか、ジャズシンガーでもある。時にはトークショーも行っている。医師としての活動以外の活動に対する批判めいた声もある中、海原さんはそのような活動は、心身のバランスをとるために本質的に必要なものだと主張する。

このような考え方に私も全面的に賛同する。テレワークの日はもちろん別だが、自宅では仕事はしない主義であるし、休みの日は好きなことに時間を費やす。とは言っても、そのほとんどが活字と戯れている(寝っ転がって本を読んでいる)のであるが。

海原さんの主張は、脳の中でも違う部分を使おう、という主張であるが、徹底的に脳を鍛えよう、と呼びかける主張もある。そんな記事を最近の新聞で見つけた。「脳が汗をかくような体験をしてもいいのでは」というものである。元NHK記者で、現在は東京工業大学のリベラルアーツ研究教育院・特命教授の池上彰さんの主張である。池上さんは、毎週月曜日の日本経済新聞に「池上彰の大岡山通信　若者たちへ」と題するコラムを持っている。なお、大岡山とは、東工大の本部があるキャンパスの地名である。

今年九月二五日(月)の大岡山通信(No・339)は、「大学の授業　理想は／コマ数減らし予習重視に」という見出しを持つものであった。この夏、池上さんが行った集中講義の話である。池上さんは、学生に一二冊もの本を読ませる集中講義を行ったのだそうだ。集中講義のテーマは「科学技術と現代社会」である。受講者は抽選で決めた五〇名の学生。一日三コマの授業が四日間あり、毎回一冊の本が取り上げられる。授業はその本を読んでいることが前提となる。

初日の授業には三五名が出席した。一五名は本を読み切れなかったのだろうと池上さんは推測する。しかし、出席していても本を読んでいない人もいることが分かり、「本は必ず読み、持参するように」と注意したという。その結果、翌日は二五人に減ったという。

この授業、受講者が減ったおかげで学生たちは発言の機会が増え、次第に活発な議論になった。池上さんは、米国の大学では大量の本を読ませる授業が行われているが、それは一週間の間にとる授業の数が少ないためだとする。一方、日本では多くの授業をとるので、学生に負担をかけられない状況にある。池上さんは日本も米国のように学生が取る授業数を少なくし、事前勉強をしっかりやるというやり方に変えることを提案する。この部分が、このコラムの見出しになった。そして、次のように続ける。

「でも、たまには『脳が汗をかく』ような体験をしてもいいのではないでしょうか。」

五日間の講義と筆記試験が終わった後の学生の顔は、達成感があふれていたという。そんな学生の顔を見て、池上さんもやりがいを感じたと振り返る。

確かに日本の大学では、初年次に取る授業数がとても多く、したがって取得する単位も多い。どの大学でも学生たちには授業を精選して選び、一つ一つの授業をきちんとこなしてくださいとのメッセージを出していると思うが、なかなか伝わらない。私自身は、この状況からの脱却には、セメスター制（年二期制）からクォーター制（年四期制）への転換がキーとなるのではないかと考えている。つまり、同じ授業を物理的に一週間に二回行うスタイルである。クォーター制を導入するには、教員の協力が大前提であるが、セメスター制よりはメリットがあると考えている。

たまには一つのことに集中して取り組んで「脳に汗をかかせ」、そして時には、そんな時間、を作って「脳のこりをとる」、これ、いいですね！

蛇足なのだが、脳という言葉ではないが、「思考」を用いた私のお気に入りの表現がある。塩野七生さんの代表的歴史エッセイ、「ローマ人の物語り」の第一一巻（二〇〇二、新潮社）の八二ページに現れる、「思考も筋肉と同じで、絶えざる鍛錬を必要とする」という表現である。絶えず厳しい思考をしないと、筋肉と同じように、思考も衰えてしまうのだ、と言い切ったこの表現、これ、いいですね！

（二〇二三年一〇月二〇日）

## 26 並び始めた来年のカレンダーや日記帳

一〇月の半ばごろから、本屋さんの一角にカレンダーや日記帳の類が並び始めた。以前は一一月に、もっと以前は一二月に入ってから並んだのではないかと思うのだが、だんだんと発売時期が早まっている。

一〇月二一日（土）に、毎年使っているお気に入りのカレンダーを購入した。山と渓谷社（愛称はヤマケイ）の『FLOWER CALENDAR』である（定価二八〇〇円プラス税で三〇八〇円）。なお、同社からは、ほぼ同じスタイルのカレンダー、『ALPINE CALENDAR』も出ている。どちらも花や山の写真がメインの冊子体のカレンダーである。縦幅が約二二センチメートル、横幅が約二〇センチメートル、厚さが一センチメートル強の大きなサイズで、ポケットに入るようなものではない。

このカレンダーは、写真と日記部分が交互に現れる形式で、写真はページいっぱいに大きく印刷される。『FLOWER CALENDAR』では、高山植物の花の写真が使われることがほとんどである。写真には花の名称と二〇〇字程度の花の説明、撮影者の名前と撮影場所、写真機やレンズなどのメタデータが記される。確かめてはいないのだが、プロの写真家の作品ばかりでなく、アマチュアの作品も使われているのだと思う。

日記のページは、月曜日から始まり日曜日に終わる一週間を、縦方向に並べている。一週間が、月曜日から始まり、日曜日に終わっているのもお気に入りの一つである。私の気持ちの切り替えは月曜の朝にあるので、こんな感想を持つ。これは人によって違うのでしょうね。

さて、曜日の間は実線で区切られ、さらに各曜日の欄には四本の点線が入れられてある。すなわち、各曜日五行が確保されている。実は、一九七〇年代はこの点線がなかったのだが、私はある年、山と渓谷社に適当数横線を入れてくださいとお願いした。しばらくすると、五〇〇円分の図書カードが送られてきて、翌年からはそれが実現した。今では、この横線は私が入れさせたのですよ、と自慢している。閑話休題。

カレンダーの最後の方にはメモのため、三〇数本の横罫線のみが引かれた一〇ページほどの部分がある。これも私にとって使い出がある部分で、毎年、さまざまなデータを残すために適当に表のようなものを作っている。自分用にカスタマイズしているわけである。この表形式にするというカスタマイズ作業はとても時間がかかるのだが、来年はどうなるのだろうな、などと考えながら作業をするので、楽しい時間でもある。

出張はさほど多くなくなったものの、出張が決まるや旅行日程を作るために、山形駅発着や仙台駅発着の新幹線の時刻表、山形─仙台間の高速バスの時刻表などを印刷して貼り付ける。大判のカレンダーなので、こんなこともできる。

このヤマケイのカレンダーを私は一九七七年に使い始めた。最初は『ALPINE　CALENDAR』も使っていたのだが七七・七八・八一・八四年の四冊のみで、八〇・八二・八三年、そして八五年以降はずっと『FLOWEAR　CALENDAR』を使っている。七九年はどちらのカレンダーも見当たらず、その代わり毎日の行動をメモしたカードのようなものが残っているので、購入しなかったのだろう。

ということで、自宅には一昨年の分まで、これら四四冊のカレンダーがある。もちろん、これらすべてに毎日丁寧に書いていたわけでなく、特に最初の方はかなりいい加減な書きぶりである。何も書いていない日が連続してる時期も多々ある。それでも、これらのカレンダーから、自分の歩んだ足跡を見出すことが出来る。

さて、新しいカレンダーを手に取り、来年はこうしよう、ああしようと考えるのはなかなか楽しいことであるが、もう既にびっしりと入った予定を見ると、ぞっとしてしまうのも事実である。さて、皆さん、もう新しいカレンダーや日記帳を購入しましたか？

えー、そんな紙のアナログ日記帳なんて使わない、今は、スマホのアプリですって！　そうなのですか……。

（二〇二三年一一月二〇日）

## 27 「地球沸騰化」の時代

年末になるとその年の一〇大（重大）ニュースを初め、子供に付けた名前、ヒットした商品など、多くのランキングが発表される。その一つにその年の「流行語」がある。今月一日、「現代用語の基礎知識選二〇二三ユーキャン新語・流行語大賞」が発表された。当然のことながら、その年の世相を反映したり、話題になったりした言葉が選ばれるので、世間の注目度も高い。今年の大賞は「アレ（A．R．E．）」であった。プロ野球チーム阪神の岡田彰布監督が、選手たちが過度に意識しないようにと、「優勝」という言葉を使わず〝アレ〟と呼んだのだそうだ。選手や阪神ファンばかりでなく全国的に話題となった。これが効いたのであろうか、阪神は一八年ぶり六度目のリーグ優勝を果たし、かつ、三八年ぶり二度目の日本一となった。

　大賞ではなかったがベスト10に入った言葉に「地球沸騰化（global boiling）」がある。この言葉は、国際連合（国連）事務総長アントニオ・グテーレス（António Guterres）氏が、今年七月二七日に国連本部で行われた記者会見で用いた表現に由来している。七月の月平均気温は観測史上最も高くなるとの気象機関（ヨーロッパのコペルニクス気候変化サービス：Copernicus Climate Change Service）の発表を受けて、国連として地球温暖化抑止の行動を喚起するための記者会見であった。

　七月二七日に行われたこの記者会見の様子は、国連のウェブサイトで見ることができる（末尾にURLを記す）。約八分間のスピーチであるが、問題の表現は開始から一分四五秒後ごろに現れる。この動画には、速記者ならぬ〝速〟タイピストによる英語のサブタイトル（字幕）も出るのだが、グテーレス氏の英語の発音の問題なのか（彼はポルトガル人）、付けられた字幕には「the era」が「the Eater」になっていたりしているが、彼の表現は次のようなものだった。

　「The era of global warming has ended and the era of global boiling has arrived.」（地球温暖化の時代は終焉し、地球沸騰化の時代が到来した。）

　今年の七月の天候は世界の多くのところで熱波に見舞われ、雨が降らず干ばつとなった。カナダなどでは前例がないほどの山火事が発生した。一方で、場所によっては洪水を引き起こすような集中豪雨も起こった。そして七月の世界月平均気温は観測史上最高となった。

　さて、この一一月三〇日から一二月一二日まで、UAE（アラブ首長国連邦：United Arab Emirates）のドバイで開催された「気候変動に関する国際連合枠組条約　第28回締約国会議」のニュースが日々新聞を賑わせた。気候変動に関する国際連合枠組条約は、英語でUnited Nations Framework Convention on Climate Change（UNFCCC）で、締約国会議はConference of Parties（COP）であるので、この会議はUNFC

CC—COP—28、あるいは単にCOP28と呼称された。

国連で条約が採択されると、各国でその条約を承認し参加するかどうかの意思決定が求められる。日本では国会の承認をもって「批准」となる。批准した国が一定数以上になると、その条約は発効する。UNFCCCは一九九二年六月に採択され、その後各国が批准し、一九九四年三月に発効した。COP１は発効翌年の一九九五年三~四月に、ドイツ・ベルリンで開催された。その後、毎年行われている。ただし、二〇二〇年はCOVID—19パンデミックのため延期されたので、今年のCOPは28回目となる。

今回の成果文書（The UAE Consensus）は、最終日の一二日中にまとめることが出来なく、翌一三日に採択がずれ込んだ。予定稿に入っていた「化石燃料の段階的廃止」が、中国やインド、そして産油国などの反対にあい、「化石燃料からの脱却を進め、この重要な一〇年間で行動を加速させる」との表現となった。「化石燃料からの脱却（transition away from fossil fuel）」と一歩後退したこの表現に対しては、島嶼国やアメリカ、ヨーロッパの国々には大きな不満が残ったと伝えられている。一方で、産油国であるUAEの議長スルタン・ジャベル氏の下で、ここまでの合意ができたことは大きな進展であるとの評価もある。

さて、今年の世界年平均気温の事である。COP28の開催日と同じ一一月三〇日、世界気象機関（WMO）は、二〇二三年は観測史上最も高い年平均気温になるだろうとの暫定評価を公表した（末尾にURL）。WMOによると、一月から一〇月までの平均気温は、一八五〇年から一九〇〇年までの五一年間の平均気温に比べ、１・４℃（±０・１２℃の誤差範囲）高かった。この値は、二〇一六年に記録した１・２９℃よりも、０・１℃以上も高い。確定するには一一・一二月の気温の推移を待たなければならないが、大きくは変わらないだろうとのことである。

今年四月ごろから、太平洋熱帯域ではエルニーニョが発生しており、来年の夏ごろまで継続すると予想されている。一般に、エルニーニョは世界平均気温を高くする傾向にあるため、二〇二四年も気温の高い状態が続くことが予想される。とすると、来年は地球沸騰化時代をさらに裏付ける年になるのであろうか。

【参考URL】

1．国連事務総長グテーレス氏の記者会見が見られる国連のウェブサイト
https://news.un.org/en/story/2023/07/1139162

2．今年一一月三〇日の世界気象機関のプレスリリース記事
https://wmo.int/news/media-centre/2023-shatters-climate-records-major-impacts
（二〇二三年一二月二〇日）

## 28 高速バスの運転手さんの仕草

仙台から山形に戻る高速バスに乗った時のことである。山形県庁前で降りるので、仙台から乗るときはなるべく前方の席を取るようにしている。そのバスでは、幸い進行方向左手の最前列通路側の席に座ることが出来た。この席からは運転手さんの一挙手一投足のすべてが目に入る。何速のギアに入れて走っているのかや、ギアチェンジのタイミングなども観察できて、それなりに面白い経験であった。

そんな中で、アッと思った運転手さんの仕草があった。この運転手さん、擦れ違う同じ会社の高速バスはもちろん、相互乗り入れしている会社の高速バスにも、そして酒田・鶴岡から仙台に向かう高速バスにも、擦れ違う際に右手をほんの少し上げる仕草をしているのであった。

何故この仕草に興味を持ったかというのも、昨年（二〇二三年）九月二日（土）の毎日新聞「くらしナビ・ライフスタイル」欄に掲載された、「守られない『あいさつ禁止』」の見出しの記事を読んでいたからである。この記事は、挨拶により前方不注意や片手運転となり、死亡事故まで起こっていることを理由に、バス業界ではだいぶ前から禁止していることを伝えていた。実際、東京バス協会は二〇〇三年から、日本バス協会は二〇一二年から禁止の周知をしているという。しかし、二〇二二年八月から二〇二三年二月の間に行った覆面調査によると、約半数の運転手がまだ挨拶を行っていることが分かったという。そして記事では、国や業者は指導を徹底すべきだと主張している。

当時、私はこの記事を切り抜き、後日連れ合いに見

せて、このことをどう思うかと話をしていた。私も連れ合いも、運転手の挨拶禁止は行き過ぎではないか、と意見が一致した。もちろん、〝TPO〟をわきまえて、事故を起こすようなことは決してあってはならないが、そう目くじらを立てなくともよいのではないかとの意見である。

　さて、私が乗車した高速バスの運転手さんは、安全運転を心掛けた運転手さんであることは間違いない。信号のある交差点を横切るときや曲がるときは、これも軽くではあるが、鉄道で働いている人たちが行うように、指差し確認をしているのである。また、スピードメータを見ていると、高速道路でも常時法定速度内であった。車内放送もしっかりと話されており、基本にとても忠実な方との印象を持った。

　擦れ違う相手の高速バスの運転手さんが、この運転手さんに対して返答しているのかどうかは、高速道路なので中央分離帯越しのためはっきりとは分からなかった。恐らくしていなかったのではなかろうか。運転手さんの方でも、相手が挨拶を返してくれるのかどうかはまったく関係がなく、運転手仲間として、軽く手を挙げる仕草で相手に〝敬意〟を表していたのではなかろうか。私はすぐ斜め脇に座っていて、この運転手さんの行為が危険なものであるとはちっとも思わなかったし、むしろ、好感が持てるような行為であった。

　さてさて、皆さん、このバスの運転手さんの仕草は、やはり禁止すべき対象なのでしょうかね。

（二〇二四年一月二〇日）

## 29

## お悔みをいう相手は誰？

　マグニチュード7・6の「令和六年能登半島地震」が元日に発生した。震源が能登半島に極めて近く、かつ浅いために震度が大きく（最大7）、また、発生した津波も極めて短時間で到来した。日本海に突出した能登半島の周縁の崖崩れで道路が寸断された結果、多くの孤立した地域を生んだ。そのため、速やかに救援隊がアクセスできず、犠牲者の把握も時間がかかることとなった。大変残念なことである。

　さて、六日（土）行われた岸田首相の年頭記者会見の様子がメディアで報道された。その中で、今回の地震の犠牲者に触れた個所の発言がテレビニュースで流れた。「犠牲になられた方々に、改めてお悔みを申し上げるとともに、……」との表現があり、この言葉使いに大きな違和感を持った。なお、翌日の毎日新聞の一面に、(岸田)「首相がお悔み『被害の甚大さ実感』」との見出しを持つ記事でも、この発言が引用されていた。

「お悔み」とは、亡くなられた方を思い、残された方(ご遺族)へ残念な気持ちを述べることであり、「亡くなられた方々に申し上げる」表現ではないと私は理解している。実際、インターネットでのＷｅｂｌｉｏ辞書でも、「人が亡くなったことへ対する残念な気持ち。または、弔問の際に遺族に対してかける慰めの言葉」としている。

犠牲になられた方への表現としては、通常「哀悼の意を表する」か「ご冥福を祈る」の表現が多いのではなかろうか。「犠牲者の方々に哀悼の意を表するとともに」や「犠牲となられた方々のご冥福をお祈りするとともに」などと。

ところで、冥福とは「冥土(冥界)の幸福」の事であるから、「冥土＝死後の世界」を認めていない宗教の人たち、例えば神道やキリスト教の方々には不適切な言葉かもしれない。インターネットで調べてみると、仏教でも浄土真宗の方々へは不適切とするウェブサイトがあった(末尾にＵＲＬ)。浄土真宗は「往生即成仏」との教えで、「亡くなられた方はすぐに仏さまになる」のであり、故人は冥土(冥界)でさまようことはないからであるとする。

また、この二つの表現は、亡くなられた方に対しての言葉なので、口語では用いず(すなわち、ご遺族の方へ直接使う表現ではなく)、文章での表現であるとするウェブサイトもあった。言葉使いは、いろいろと難しいものですね。

【参考ＵＲＬ】
1. https://www.e-sogi.com/guide/18104/
2. https://www.sougi.info/column/column_348

(二〇二四年一月二〇日)

30

# 短期・長期のグローバルリスク

スイス・ジュネーブに本部を持つ非営利財団「世界経済フォーラム（World Economic Forum：WEF）」は、二〇二三年九月に行った一四〇〇人に及ぶグローバルリスクの専門家、政策立案者、業界リーダーらに対する調査に基づき、「グローバルリスク報告書二〇二四年版」を一月一〇日に公表した（末尾に英語版と日本語版のURLを記す）。

この報告書には、短期（今後二年間）と長期（一〇年間）の10大リスクが掲載された。英語版の表を基にWEF日本事務所が作成した日本語版の表を表1に示す。

表に挙げられているリスクはなるほどと思うものばかりであるが、それらが独立ではなく互いに密接に関連しあっていることが特徴ではなかろうか。つまり、お互い密接に結びついており、単独で閉じるリスクではないことである。

短期（今後二年間）リスクでは、二〇二四年はロシアや米国の大統領選挙など、世界に影響を与える選挙が多い状況を踏まえた上で、生成AIを使ったSNS上での「誤報や偽情報」（一位）が挙げられている。それらが結果を左右しかねないとのリスクである。

「サイバーセキュリティとセキュリティ対策の低下」（四位）も同列のネット社会の脆弱さについてのリスクである。このようなリスクは、結果として民主主義と専制ポピュリズム（大衆迎合主義）に立場に分かれる「社会の二極化」（三位）や、貧富の差を益々助長させるとする「不平等または経済機会の欠如」（六位）に繋がってくる。これにより社会が疲弊すると、容易に「非自発的移住」（八位）が起こる。その結果として、時には「国家間武力紛争」（五位）をもたらしかねない。

八位の「非自発的移住」の元の英語表現は、「involuntary migration」である。involuntaryとは「自分の意志でない、自分が望んでいない」ことであり、「状況・情勢に強いられた自らは望まない移住」とでも表現できよう。

また、「インフレーション」（七位）が進むと「景気後退（不況、停滞）」（九位）をもたらし、その結果として「社会の二極化」（三位）に向かい…、というリスクの経路も大いにあり得る。

さらに、環境危機の分野のリスクも取り上げられた。

地球温暖化による「異常気象」（二位）が世界各地で起こるようになり、また、ますます激甚化し、大きな災害をもたらしている。また、マイクロプラスチックや大気汚染など、生産活動による「環境汚染」（一〇位）も深刻化し、生態系に大きな影響を与える危険がある。

目を長期（今後一〇年間）のリスクに向けると、環境関連に大きなリスクを見ていることが分かる。「異常気象」（一位）、「地球システムの危機的変化（気候の転換点）」（二位）、「生物多様性の喪失と生態系崩壊」（三位）、は「天然資源不足」（四位）、「汚染（大気、土壌、水）」（一〇位）である。一〇項目のうちの実に五項目が環境関連事項である。

二位の「地球システムの危機的変化」には「気候の転換点」の括弧書きがある。転換点は英語では「tipping point」であり、その点を越えたら不可逆的で後戻りできない点を指す。それが「危機的変化」なのだという指摘である。

残りの五項目のうち四項目は短期のリスクと同じである。追加された項目は、「ＡＩ技術がもたらす悪影響」（六位）である。生成ＡＩ技術の進展は、ＡＩ規制の議論の進展よりも圧倒的に速いと言われており、その影響は我々の予想を超えるのではとも言われている。

ＷＥＦが指摘するこれら短期・長期のリスクであるが、どれもこれも厄介なリスクである。長期のリスクは、確実に若い世代が経験するであろうリスクである。どれだけ良い環境や状況を後代に残せるか（世代間倫理）は、まさに今の大人の世代にかかっている。リスク回避に向けた具体的施策の立案と実施が、政策立案者やグローバルリーダーに課せられている。

大学に身を置いている者としては、大学が率先してリスク回避に向けた活動や情報発信をすべきであるし、課題の克服に果敢にチャレンジする人たちを育成しなければならない、と決意する次第である。

【参考ＵＲＬ】

1．世界経済フォーラム「Global Risks Report 2024」のＰＤＦファイル
https://www.weforum.org/publications/global-risks-report-2024/in-full/?gad_source=1&gclid=EAIaIQobChMI4Y72o9LegwMVB9QWBR1MgwBNEAAYASAAEgIztvD_BwE

2．世界経済フォーラム日本事務所によるグローバルリスク２０２４の概要説明文書
https://jp.weforum.org/press/2024/01/guro-barurisuku-2024-no-ga-suru-gaguro-barurisuku2024notoppuni/

表１．ＷＥＦによる短期・長期のグローバルリスク

| 順位 | 今後2年間 | 今後10年間 |
|---|---|---|
| 1 | 誤報と偽情報 | 異常気象 |
| 2 | 異常気象 | 地球システムの危機的変化<br>(気候の転換点) |
| 3 | 社会の二極化 | 生物多様性の喪失と生態系の崩壊 |
| 4 | サイバー犯罪やサイバーセキュリティ対策の低下 | 天然資源不足 |
| 5 | 国家間武力紛争 | 誤報と偽情報 |
| 6 | 不平等または経済的機会の欠如 | AI技術がもたらす悪影響 |
| 7 | インフレーション | 非自発的移住 |
| 8 | 非自発的移住 | サイバー犯罪やサイバーセキュリティ対策の低下 |
| 9 | 景気後退（不況、停滞） | 社会の二極化 |
| 10 | 汚染（大気、土壌、水） | 汚染（大気、土壌、水） |

（二〇二四年一月二〇日）

# 31 医学部大学祭について

本学小白川図書館三階の大学誌や部局誌、同窓会誌など本学に関係する本を集めた書棚で、「山形大学医学部創設十周年記念誌」（以下、十周年誌）と「山形大学医学部創設二十周年記念誌」（二十周年誌）を見つけた。これを手に取ったところ、十周年誌に医学部大学祭の記載を見つけたので、この欄で紹介したい。なお、二十周年記念誌には大学祭についての記載は一切無かった。

十周年誌には、医学部創設の経緯や一〇年の歩み、講座と診療科等の紹介の後、「学内外の活動」の項目がある。この中の小項目「Ⅱ　学生の課外活動」の中に「3．医学祭」の記載があった（一一四ページ）。著者は高橋慶一さんである。高橋さんは医学部第六期生（一九八四（昭和五九）年卒）で、記念誌が準備された一九八三年当時、学部六年生であった。分量は一ページにも満たないものであるので、ここに全文を原文のまま（一部の数字は漢数字に変更）引用する。なお、インターネットで調べてみると、著者の高橋慶一さんは現在、東京都内の大きな病院の副院長としてお務めであることが分かった。

3．医学祭

山形大学医学部も、今年で開学一〇周年を迎えたわけですが、医学祭の歴史は浅く今回で三回を数えるにすぎません。

第1回医学祭は、小白川の医進課程に五期生を数える一九七七年に開催されましたが、全くゼロからの出発ということで、期待と不安が交錯した中で開催されたようであります。諸先輩方の御苦労は並々ならぬものであったことでしょう。

また、その三年後の第2回医学祭は、参加ゼミが三〇を超える盛大なもので、多数の方々に見学していただけました。そして、第3回医学祭では、諸先輩方の築いて下さった伝統を維持すると共に、過去二回における貴重な経験・御意見・反省点を参考にし、運営・企画の面で改善することに心掛けました。第3回医学祭における特色としては、これまでのゼミ発表に加えて、医学部・医学生の生活を一般市民の方々にも紹介し、また、「祭り」の要素を出す目的で、模擬店を出店し、さらに、活発化してきたサークル活動の発表の場を設けることでした。

第3回医学祭を終え、医学祭は現在一つの転換期を迎えたと言ってよいでしょう。医者の卵としての医学生が、一般市民の方々と医学・医療に関して接点を持つことのできる一つの場としての医学祭を発展させていくも、消滅させてしまうも、後輩諸君の手にかかっています。医学祭発表だけのゼミ活動ではなく、ゼミを言わばサークル活動と同じようなものとし、個々のゼミで、独自に公開講座・講演会・各種調査等を企画し、一般市民の方々との交流の機会を多く持ち、また、これまでの医学祭よりも小規模な形でのゼミ発表会を定期的に行ない、その締め括りとして、医学祭を位置付けられれば、医学祭と市民の方々とはより一層密着することとなり、さらに山形大学医学部と一般市民の方々とが一体化することにつながると思います。医学祭のこれからの発展を祈ってペンを置くことにします。


（高橋慶一）


この記事により、医学部大学祭は三年おきに、一九七七年に第1回、一九八〇年に第2回、一九八三年に第3回が開催されたことが分かった。それでは、一九八六年の医学祭はどうだったのであろうか。

そこで、医学部第一四期生（一九九二（平成四）年卒業）の本学保健管理センター所長の牧野直彦先生に大学祭開催の有無を問い合わせた。牧野先生の回答は、入学した一九八六（昭和六一年）年に大学祭が行われていたとの記憶がある。しかし、バンド演奏がうるさいとの近隣からの苦情で翌年からは開催されなくなったと思う、とのことだった。そして正確を期すため、同級生にも問い合わせてくれるという。しばらく後、次のようなメールをくださった。

「医学部の同級生（山大第二外科　塩野知志准教授）に確認しました。『一年次の一九八六年には医学部生協奥で行った記憶がある。翌年にもこれに準じた催しがあったかもしれないが、記憶が曖昧。一学年上の実行委員長が変わった人で、これ以降の学園祭開催が頓挫した記憶がある。』との見解でした。一九八六年には私の記憶と合わせて開催されていると思います。」

以上の事より、医学部大学祭は、一九七七年を第1回とし、一九八六年まで三年おきに四回行われたことが確認できた。さらにその後であるが、既に昨年九月の「キャンパスから」（No・26）で記したように、一九八六年から二四年後の二〇一〇年に「希華祭」の名称で一度だけ復活した。しかし、その後は開催されていない。なお、希華祭を報じた朝日新聞二〇一〇年一〇月九日の記事は、過去の大学祭の開催を五～六回としていたが、より正確には四回の開催であった。

がっさん通信「キャンパスから」No・25の「医学部大学祭の復活について」に記したように、医学部の学生にとっては医学部大学祭の復活は念願のようである。これを叶えるためには、二〇一〇年に希華祭を実現させたように、学生自らが動く必要がある。動けば、希望の光も必ずや見えてくるものだと確信したい。医学部学生の皆さん、医学部大学祭復活に向けて、皆さん方から行動を起こしてください。夢はきっと叶えられます。

【参考文献】

1．山形大学医学部創設十周年記念誌編集委員会、一九八三：山形大学医学部創設十周年記念誌。昭和五八年九月二四日発行、一八五ページ。非売品。

2．山形大学医学部創設二十周年記念誌編集委員会、一九九三：山形大学医学部創設二十周年記念誌。平成五年一一月六日発行、三七五ページ。非売品。

（二〇二四年二月二〇日）

# 32 八峰祭について

小白川キャンパスの大学祭である八峰祭の名称の由来と、いつからそのような名前で呼ばれたのかに興味を持ち、この間調べてきているのだが、なかなか真実（大げさであるが！）に近づけていない。それが、先の「キャンパスから」（No・29）の欄で紹介した「1日山形大学 in 仙台」（二〇二三年一一月二六日開催）の際にお話しすることが出来た理学部第一期生（一九六七（昭和四二）年入学）の升澤福夫さんからの情報が発端で、小白川キャンパスの大学祭の開催状況について大きな手掛かりが得られた。今回はその調べた結果を報告する。

**1．升澤福夫さんからの情報**

升澤さんは、人文学部二期生で平清水の学寮の寮長であった黒田多聞さんとともに、記憶の掘り起こし（調査1）とふすま同窓会記念誌に対する調査（調査2）を行ってくださった。その成果として、次のような情報をお寄せ下さった。

【調査1】

二人の記憶は一致しており、以下のようにまとめられる。

①一年生の時に大学祭が開催されたが、「八峰祭」とは呼んでいなかった。

②大学祭の内容は模擬店ばかりで、学術性に欠け、大学も校舎の使用を許可しなかった。

③二年生以降は大学紛争の影響で開催されなかったのではないか？

（もしかすると二年生の時は開催されたかもしれないが、遠く平清水に移転した「新学寮」生は参加していない可能性が大きい。）

【調査2】

ふすま同窓会の記念誌への調査からは次のことが分かった。

①「母校回帰」（1970・10・4）山形高等学校50年、山形文理学部20年記念会・発行
寮を中心とした写真集で大学祭の情報は無し。

②「ひかり北地に」（2000・10・15）ふすま同窓会八十年記念祭実行委員会・発行
P28、P29に大学祭・八峰祭のスナップ写真などあり（コピー同封）
P138からの年表の中のP155に以下の記載あり（コピー同封）
一九七六（昭和五一）年一一月三日
○山形大学祭第1回八峰祭開く（六日まで）（学生主体の大学祭）大学祭としては通算17回目

ふすま同窓会記念誌の上記②の年表の「第1回八峰祭開く」という記載はそのものずばりであり、これで決着がついたと思ったのであるが、後述するように、この記載は誤りであると考えざるをえない。理由は後述する。

いずれにしても、升澤さんの情報からふすま同窓会が発行した記念誌等を調べることの重要性を認識した。実際、次の節に述べるように、調べてみたら多くの情報を得ることができた。

## 2．ふすま同窓会記念誌の情報

本学図書館には、文末に記載した三冊のふすま同窓会記念誌が収納されている（参考文献1～3）。それらから多くの情報が得ることが出来たのだが、以下に

記すように資料間にだいぶ齟齬があることも分かった。

ふすま同窓会本部六十年祭実行委員会が編集し、一九八〇（昭和五五）年に出版された「われらここに聚ふ（山形高等学校六十年／山形大学理学部三十年／山形大学人文学部／理学部十年記念誌の中の「山形大学人文学部／理学部史」）」の略年表（四八五～四八九ページ）の記載を取り上げる。また、本文にも大学祭に関する詳しい記載があった。人文学部の項目は、山内励さん（人文学部史学科第四回卒業生）が執筆した。

以下、略年表から大学祭に関する記載を拾うが、原文は和暦・漢数字で書かれているが、本稿では西暦・算数字で記す。なお、冒頭に付した（1—1）などの表現は、参考文献1の大学祭に関する1番目の記載という意味である。

（1—1）一九七〇・一二・三～七　大学祭(第6回)
（1—2）一九七二・一・二八～三一　大学祭（第7回）
（注：一九七一年度大学祭）
（1—3）一九七三・一・二六～一九　大学祭（第8回）
（注：一九七二年度大学祭）
（1—4）一九七五・一・三一～二・三　大学祭
（注：一九七四年度大学祭。通算回数の記載なし）
（1—5）一九七六・二・二～五　大学祭
（注：一九七五年度大学祭。通算回数の記載なし）
（1—6）一九七七・一一・一〇～一三　大学祭(第12回)
（1—7）一九七八・一一・一～五　大学祭(第13回)
（1—8）一九七九・一二・七～九　大学祭(第14回)

以上、一九七〇年代は大学祭が8回開催された。このうち前半の大学祭は一月から二月にかけて行われていたこと、一九七三年度と一九七六年度は大学祭が開催されなかったことが分かる。

一方で、一九七七・七八・七九年度に開催された大学祭が、それぞれ通算第12・13・14回とされているが、一九七四年度大学祭を第9回、一九七五年大学祭を第10回とすれば、それらは、それぞれ第11・12・13回と考えざるを得ない。実際、別の資料と照らし合わせると、このように修正するとつじつまが合ってくる。この点については後述したい。

このことについて、著者の山内励さんと電話で直接お話する機会を得た。山内さんは当時の資料（大学祭パンフレット）を基に書いているので、実行委員会がそのように認識していたのではなかったのか、とのことであった。残念ながらこれらの資料は既に処分したとのことである。また、当時学生たちは大学当局とは距離を保って大学祭を行っていたので、大学全体の行事と位置付けられているわけでなく、回数の認識も統一されたものではなかったのではとのご意見であった。

次に、二〇〇〇年に発行されたふすま同窓会八十年記念祭実行委員会出版部編集による「ひかり北地にふすま同窓会八十年記念写真誌」（一六二ページ）の年表（一三八〜一六二ページ）からの記載である。升澤さんからの情報の元となった文献である。年表の冒頭に、この年表は出版部において編集したとあり、前書きの末尾には、「編集責任：田宮良一」と記されている。

（2―1）一九五一・一〇・一四〜一六　開学記念第1回大学祭、文理学部一〇月祭
（2―2）一九五七・一〇・三一　大学祭
（2―3）一九五九・一〇・一五　開学一〇周年大学祭開催
（2―4）一九六一・一一・一四〜一八　大学祭
（2―5）一九六八・一一・一〜七　大学祭（七日まで、大学祭予算要求と大学予算の公開を要求）
（2―6）一九七六・一一・三〜六　山形大学祭第1回八峰祭開く（六日まで）（学生主体の大学祭）大学祭としては通算17回目
―この間、大学祭の記載なし―
（2―7）二〇〇〇・一〇・二八〜二九　第17回八峰祭（山大祭通算34回）

以上のうち（2―6）が、升澤さんが提供して下さった情報である。しかしながら、一九七六年度は大学祭が開催されなかったという1の文献の記載と矛盾すること、（2―7）の記載と整合性が取れないことから、誤った記載であると私は判断する。

最後に、ふすま同窓会百年誌編集部が編集し、二〇二一（令和三）年に出版された「ふすま同窓会百年誌―伝統を紡ぎ未来に続く―」の記載を取り上げる。この記念誌には二つの年表が掲載されている。一つは、「第三部　山形大学　第一章　文理学部」の年表（一七〇〜一七三ページ）である。もう一つは、巻末に付けられた「百年の歩み」である。以下、この二

つの年表に記載された大学祭の情報を記す。

「山形大学文理学部　略年表」からの情報。

（3―1）一九五一・一〇・一四～一六　開学記念第1回大学祭、文理学部十月祭を開催

（3―2）一九五九・一一・一五　開学一〇周年記念大学祭

（3―3）一九六一・一一・一四～一八　大学祭

（3―4）一九六八・一一・一～七　大学祭（大学祭予算要求と大学予算公開請求）

次に「百年の歩み」からの情報。

（3―5）一九五一・一〇・一四～一六　開学記念第1回大学祭、文理学部十月祭を開催

（3―6）一九五七・一〇・三一　大学祭

（3―7）一九五九・一一・一五　開学一〇周年記念大学祭

―この間、記載なし―

（3―8）二〇二〇・一〇・二四　「八峰祭」中止

ここで（3―1）と（3―5）、（3―2）と（3―7）は同一の大学祭に関する記載であるので、まとめると少なくとも一九五一・五七・五九・六一・六八年度に計5回の大学祭が行われていたことが分かる。また、これらは（2―1）～（2―5）の記載と一致する。

ところで、上記山形大学文理学部略年表（2―5）の一九六八年の大学祭の記載のカッコ書きについては、「第一章　文理学部　第六節　紛争の時代　一．大学予算公開要求と大学会館解放闘争」に記載があった。当時、山形大学でも学生運動が盛んになり、一九六八年開催の大学祭も、学生側と大学側とのもめごとの火種になったようである。

## 3．八峰祭はいつ始まったのか

今年度（二〇二三年度）開催された八峰祭は、第57回である。では、第1回はいつ開催されたのであろうか。当初、私自身は単純にそのまま年をさかのぼると一九六七年が第1回となるので、一九六七年の大学祭が第1回と考えた（折に触れて、Ｎｏ・26）。一九六七年は文理学部が人文学部と理学部に分離した年でもある。それを記念に大学祭を八峰祭と名乗ったのだろうと単純に考えたのであった。

しかしこれは、升澤さんの記憶にもあるように、当時、八峰祭とは名乗っていないので後に付けられたことになる。これについては（2―6）にそのものずばりの記載があるのだが、既に述べたようにこれは誤記

である。

いろいろと可能性を探ると、（2—7）の記載がキーのようである。二〇二三年度が第57回であるので、さかのぼると二〇〇〇年度が第34回となる。すなわち、八峰祭と名乗ってから17回目であるが、通算34回目の大学祭との回数と一致するのである。

従って、二〇〇〇年度以降、通算の〝大学祭〟の回数を〝八峰祭〟の回数として数え直したと考えるのが自然であろう。

ここで、広島大学自由研究サークル「なんでも総合研究所」がまとめた「全国大学祭歴代テーマ」が参考となる（末尾にURLを記す）。山形大学では、八峰祭と吾妻祭が取り上げられており、八峰祭に関しては以下のような記載であった。

【八峰祭】

| 西暦 | 和暦 | 回数 | テーマ |
|---|---|---|---|
| 二〇〇三 | H一五 | 37 | 響喜嵐舞 |
| 二〇〇四 | H一六 | 38 | （不明） |
| 二〇〇五 | H一七 | 39 | Harmony～地域と大学の調和～ |
| 二〇〇六 | H一八 | 40 | 愛 |
| 二〇〇七 | H一九 | 41 | 挑戦 |
| 二〇〇八 | H二〇 | 42 | （不明） |
| 二〇〇九 | H二一 | 43 | 染～SEN～ |
| 二〇一〇 | H二二 | 44 | （不明） |
| 二〇一一 | H二三 | 45 | 『発信』One Step for Smile |

すなわち、この資料から、二〇〇三年度には既に八峰祭の回数を大学祭の通算回数で表現していることが分かる。

さて、今度は（2—7）を起点に、過去にさかのぼるとどうなのだろう。すると、八峰祭の第1回は一九八四年度に開催されたことになる。これは山形大学五十年誌に芦立一郎先生が記した一九八三年度とは一年違いである。どちらが正しいのかであるが、ここで記したように、一九八四年度の方が他の資料と整合性が取れていると判断される。いずれにせよ、八峰祭の名称が使用されたのは一九八〇年代前半であろう。

次に大学祭の名称でさかのぼると、一九七九年度大学祭が第13回となり、既述のように、（1—6）～（1—8）の通算回数を1回ずらしたものと整合性が取れる。

また、（1—1）で記載した一九七〇年度が第6回とすると、前述のように一九六八年度まで五回の大学祭が開催されているので、これもつじつまがあうことになる。

## 4．結論とさらなる疑問

今回の調べから、小白川キャンパスの八峰祭について、次の様にまとめることができる。

〇八峰祭の名称は、一九八四年度の通算17回目の大学祭から用いられた。

〇その後、いつしか（二〇〇〇年ごろか）大学祭の通算回数で八峰祭も数えるようになった。したがって、二〇二三年度は通算57回目の八峰祭となる。

〇一九七七年度の第一一回大学祭以降は、近年のコロナ禍の年を除き、毎年度開催されている。

〇一九七七年度より前の、1回から10回までの大学祭の開催は次のとおりである。年度(回数)で記す。

一九五一（1）、一九五七（2）、一九五九（3）、一九六一（4）、一九六八（5）、一九七〇（6）、一九七一（7）、一九七二（8）、一九七四（9）、一九七五（10）。

以上が今回の調査のまとめなのだが、一九八四年度の大学祭の時、どうして「八峰祭」という名称にしたのかについては、今回の調査では全く不明である。また、升澤さんたちは入学した一九六七年度に大学祭を行ったと記憶されているが、年表には一切現れていない。この理由はなんだろうか。まだまだ、疑問が残る。

本稿を記すにあたり、升澤福夫さんと山内励さんに大変お世話になった。記して感謝の意を表する。

【参考文献】

1．ふすま同窓会本部六十年祭実行委員会（編集）、一九八〇：われらここに聚ふ（山形高等学校六十年／山形大学理学部三十年／山形大学人文・理学部十年記念誌の中の「山形大学人文学部／理学部史」）。昭和五五年一〇月五日、四三九～四八九ページ。

2．ふすま同窓会八十年記念祭実行委員会出版部(編集)、二〇〇〇：ひかり北地に（ふすま同窓会八十年記念写真誌)。平成一二年一〇月一五日、一六四ページ。

3．ふすま同窓会百年誌編集部（編集）、二〇二一：ふすま同窓会百年誌—伝統を紡ぎ未来に続く—。令和三年一〇月三〇日、三三三ページ。

【参考URL】

1．広島大学自由研究サークル「なんでも総合研究所」による「全国大学祭歴代テーマ」

http://hunir.html.xdomain.jp/contents/bneta/gftheme.html

（二〇二四年三月二〇日））

## 33　『教養部だより』に現れた大学祭

本学の教養部は、「折に触れて」の「山形大学の大学祭　－4　五十年誌から（2）－」（No・18）に記したように一九六七（昭和四二）年六月、文理学部の改組に伴い、人文学部・理学部と共に設置された。そして、一九九一（平成三）年の、いわゆる「大綱化」の措置に伴い、他の多くの大学と同様に一九九六（平成八）年四月に廃止された。

この間、教養部は「教養部だより」を、当初は不定期に、一九七三（昭和四八）年ごろからは年に二回、定期的に発行した。この教養部だよりの二か所に大学祭の記述があった。一つは一九七二（昭和四七）年四月一日発行のNo・4の記事「学生歳時記」（一五ページ）の中の記載である。この記事は、例えば「四月一日　ウメひらく」、「一五日　入学式」という具合に、山形大学の一年を、季節や学事で紹介している。大学祭は「一一月上旬」のところに記載される。以下、一一月上旬と中旬の記載を引用する。なお、以下の文中に現れる「／」は改行を意味している。

「一一月上旬　銀杏並木の黄葉／大学祭のシーズン、しかし、近年遅延の傾向があり、昨年度は寒中に開催。全国大学中のユニークな存在を示す。」「中旬　この頃、学寮祭、よびものの仮装行列が街を練る。／初雪（平年値一一月一六日）、日没早くなり、スチームが入る。／学生のアノラック姿が急に増す。山梨大や山口大では見られぬ風俗。」

前項に記したように一九七一（昭和四六）年度や一九七二（昭和四七）年度の大学祭は年明けの一月に開催されたことを踏まえて書いていることが分かる。それにしても雪に囲まれた一月から二月の大学祭はいったいどのようなものだったのだろうか。

もう一つの大学祭の記事は、一九九二（平成四）年四月一四日発行の教養部だよりNo・44に掲載されたものである。一九九一（平成三）年度の八峰祭の全学実行委員長を務めた菅野修二さんが書かれた記事である。学生側からの総括の文章という大変貴重な記事であるので、やや長文であるが、全文を引用したい。なお、この記事には編集者が「大学祭をふりかえって」という項目名を付している。また、原文は横書きで算数字を用いているが、縦書きの本稿では漢数字に直している。さらに、「大学祭」と「大祭」の二種類の表現が文中に現れるが、そのまま採録した。

**八峰祭を終えて**　（菅野修二）

僕は四月のオリエンテーションの時、「大学祭か、面白そうだな」と思い、委員になった。その後、教養部実行委員会が開かれ、大学祭の目的が話された。その結果、平成三（一九九一）年の目標は次のものに決まった。

1．要求実現の学生運動の一環として
2．学術文化活動の総集約、発展の場として
3．学生間、大学内外の人たちとの交流の場として

この目標を達成するために、ひとつずつ準備作業を行った。まず、クラスオリエンテーションの時に選出された新入生によって、教養部実行委員会が結成され、その委員長が各団体（各自治会、ゼミ、寮、生協）に呼び掛け、全学実行委員会が結成された。それから、大学祭の意義討論、一般企画募集、アンケート調査、大学側との予備交渉と本交渉、全学企画決定、そして大学祭へと。

今回は、教養部一年生が全学実行委員会を運営した。初めは、先輩達が進めてくれると思っていた。しかし、それも秋休み前までで、その後は自分達だけでやらなければならなくなった。その時から、先輩達の苦労を味わうことになった。後には仕事が山のようにあった。一年生一〇人ほどのメンバーで、本当に大祭までこぎつけるのかと不安になったり、焦ったりした。やはり、一年生の知から不足のためか、企画考案や学外宣伝の面で効果が上がらなかったと思う。

さて、大学祭当日、いろいろ自分たちの活動の真価が問われる時がきた。全学企画では、講習会に一〇人位、化粧品セミナーに二〇人位、映画に五人、前・後夜祭およびF1三輪車レースに三〇～四〇人、ミスコンは女装も可として五人の参加者がいた。一般企画では、音楽愛好会のライブが噴水周辺で催されたが、二〇〇人位の参加で大好評だった。そのため、噴水周辺の模擬店では客足がよかったが、銀杏並木の方は活気がなかった。

一一月三日の昼、僕は全学企画を宣伝するために歩き回っていた。その時に見た音愛のライブの大勢の参加者が、一番心に焼き付いている。カメラを持っていなかったのを悔やんだが、カメラに納められるようなものではなかったと思う。また、企画者一人一人の力はちっぽけなものでも、それが何十人と集まれば大きな力になるという事も実感した。主体的に活動する中で、人を集めたり、楽しませたりする難しさを知ったけれども、委員になって本当に良かったと思う。最後に去年（注：平成三年）の大祭の状況から、今後の課題を考えてみた。

**1．全学的組織の確立**

全学実行委員会を結成する際には、委員長一人で活動している教育学部学友会や、自治会のない理学部からも、実行委員を選出するよう働きかける。

**2．全学生にアンケート**

まず、全学生に大学祭で何をやりたいかアンケートを取り、それを基に企画を考える。次に、その集計結果を配り、再度その企画に対する意見をアンケートで集め、その声をできる限り尊重して企画を立てる。そうして、多様な趣味や関心、要望を企画に反映させる。

**3．サークルのユニーク企画で**

サークルやクラブに日頃の成果を発表するよう呼び掛けつつ、委員会としては、一つ一つのサークルの個性に応じた企画を考え、それへの参加を促す。また、いろんな事をしている学生に、各々の個性に応じた企画を「やってみないか」と､声をかけてみる。そして、サークルやクラブが創意工夫を凝らして企画を出していけば、大祭は多彩になり、いろんな事に興味や関心を持つ学生は、満足するのではないだろうか。

**4．クラスみんなが参加**

サークルに参加していない学生は意外と多い。そういう学生の中には、こんな企画をやってみたいと思っていても、それをどう準備したらよいか分からず、やらずじまいになる人も多いのではなかろうか。だから、クラス参加を重視したい。大祭は全員の力で支えられるのだから。大祭を通じてクラスの団結を計るためにも、スポーツ大会のように気楽に参加できる企画も用意して、全クラスの参加に力を注ぐべきだ。

**5．他大学との情報交換**

自治会セミナーや一二月祭などの「学園祭交流会」に参加して。他大学の人達と学祭の取り組み方や問題点を話し合い、それを委員会に持ち帰って新風を吹き込んだり、また他大学の学祭を見に行くのもいいだろう。

**6．地域の人達も参加できる学祭**

ソフトボール大会、綱引き大会、生で見る機会の少ないプロの演劇や落語など、地域の人達も参加できる企画も考え、外部の宣伝（あいさつ回り、ポスター張りなど）も充実させていく。

ところで、その後、東京の和光大学で開催された一二月祭の、学園祭交流会に参加した。そこで特に印象に残っている言葉がある。それは、「自分の時間を持て」である。これを聞いて僕は、はっとした。そういえば、大祭に気を取られ過ぎて、大祭だけに凝り固まっていたなと。やはり、どんなに忙しくても、ゆとりがないと事は成さないなと思った。

（すげの　しゅうじ・大学祭全学実行委員会委員長）

以上がこの記事の全文である。菅野さんは極めて真摯に大学祭に取り組んだことが伝わる文章ではなかろうか。そして、大学祭に対する考察は、現在にも通用する内容で、大いに参考となろう。

なお、この記事には、「全学企画の化粧品セミナー」、「全学実行委員会の反省会」とキャプションが付された二枚の写真が使われているが、本稿では省略した。

（二〇二四年四月二九日）

## 34 学園紛争時の大学祭

二〇二四年四月二四日の夜、八峰祭に関して情報をいただいている升澤福夫さんからメールが入った。升澤さんとこの件に関し調査を行ってくださった黒田多聞さんが、「大学祭」と題した文章をまとめてくださったのだという。当時の大学内の状況がよく分かる文章であり、大学祭の記載内容もこれまでの調べと整合性のとれるものであった。山形大学の大学祭を振り返る中で貴重な資料となるものと思い、本稿では升澤さんからのメールとともに、黒田さんの文章をご了解の下、そのまま紹介する。なお、暦年の表記は本書の他の文章と同じ表記に修正させていただいた。

**1．升澤福夫さんからのメール**

桜の季節も終わり若葉の美しい季節になりました。

返信が遅くなり申し訳ありません。
お尋ねを頂きました大学祭の開始年について、前のメールでお話ししました様に、前ふすま同窓会長の野村君（花輪注：芳和氏、人文学部第一期生）の親友でもある黒田君に問い合わせたところ、添付の『大学祭』に纏めて回答を寄せてくれました。
これによると、小白川キャンパスでの大学祭は、当時の学内情勢の影響を受けて
昭和四二年（一九六七年）に開催、
昭和四三年（一九六八年）は教育学部のみでの開催か（？）
昭和四四年（一九六九年）は大学祭どころではなかった
昭和四五年（一九七〇年）に再開か（？）
だった様です。
黒田君の纏めてくれた『大学祭』が花輪様のブックレット執筆の参考になれば幸甚に存じます。

## 2．大学祭

黒田　多聞（人文学部第二期生、元学寮委員長）

我々が在学中の一九六七（昭和四二）年～一九七〇（昭和四五）年に、『八峰祭』の名称はなかった。

一九六七（昭和四二）年に大学祭があったのは確かで、これが初回というのもおそらくそうだろう。そうでなければ、あんな外に向けて恥ずかしい、中身のない祭になるはずがなかった。準備も計画も杜撰としか言いようのないもので、クラス・専攻も部・サークルも、対処以前であった。

結果、イベントはほとんどが模擬店（それも焼ソバばかり）で、呆れと怒りの大学側は教室使用を認めず、追い出された学生側はそれでも頑張ってテントを林立させての開店という有様。小白川キャンパス、焼ソバソースの匂いに包まれた。

対処以前というのは、私が属していた文理学部歴研（歴研は教育学部にもあった。新聞部などは両学部のものが一つになっていて、学生運動の拠点となっていた。そのせいで、常に再分裂の動きが潜在していた）も山大俳句会もその通りで、大学祭では全く何もしなかった。やるとしたら遅くとも夏休み前に何らかのアクションだろうが、煙が立つこともなかった。大学祭は、「好きな連中が何かやってるな」の感じだった。

準備も計画も杜撰と言ったが、その原因の大きなものはその当時の学生運動の党派対立だった。山大では日共系の民青と反民の第四インター（四トロ）並びにML・SFL・学生解放戦線との対立が激しく、不倶

戴天の敵的争いを展開していた。

一九六七（昭和四二）年は、文理自治会執行部をその年の二月の選挙で勝った民青が握っていたが、勝ったといっても差は小さく、反民も拮抗するに十分な勢力を維持していた。（自治会は、学生が学友会を発展的に解消し、自主的に誕生・育成したもので、その存在を大学側は認めず、学友会費を自治会にわたすこともなく、ここでも対立は大きかった。ちなみに、自治会は文理学部のみで、教育学部は学友会のままだった。）

そうであるから、自治会執行部が大学祭をやると叫んでも、なかなか全キャンパス的動きになることなく、それどころか反民勢力はイチョウ並木で立看とアジ演説で、思想性と意義なき大学祭、ナンセンスと攻撃し、併せて文理改組（人文と理への学部移行）に何ら対処できない執行部の無能ぶりを批難し、対立は激化するばかりだった。

好きな連中が何かやってるな、の感じというのはそういうことで、多くのクラス・専攻、部・サークル、そして学生は、巻き込まれるのは御免とばかりに、一歩も二歩も身引いていた。模擬店に塗りつぶされた大学祭というのも、これならさもありなんと、首肯できるだろう。


一九六八（昭和四三）年の大学祭は、私の記憶にない。やったとしたら教育の学友会のみでのことで、人文・理はなかったのではないか。

というのは、自治会執行部が政権交代で、反民になっていたからである。この連中、思想性と意義とか言っても、それのある大学祭の具体化となると、どうするかわからなかったに違いない。いや、それよりも、闘争だ、革命だ、権力をわが手中に、で学生会館占拠、管理権奪取に走った。それが盛りの秋で、大学祭の時季と重なったはずだ。この占拠・自主管理は、大学側の見逃し策もあり、翌春まで続いた。

この年の大学祭が私の記憶にない理由の一つは、寮祭が大きい。平清水新寮のスタートの寮祭ということで、学制の後期が始まるとすぐに準備に取り掛かっていた。キャンパスから出発して七日町大通りをねり歩く仮装行列と各階対抗の演劇大会を二大イベントに、終夜の打ち上げコンパまで、寮生多数の参加で、よくやった！だった。

つまり、大学祭よりはるかに寮祭だった。（大学祭は一一月三日、寮祭は一一月二三日が各々メインの日程で組まれていたはずだ。）（この年の寮祭で最高に話題をさらったのは、理一年生S君が仮装行列で披露した女装姿だった。その妖艶ぶりは女性以上に女性らしいと見物人の心を奪い、評判になった。寮祭後、市内のゲイバーからホステスとしての招きがあったという話も伝わったが、真偽不明。）

一九六九（昭和四四）年は、大学紛争・学園闘争の年で、大学祭どころでなかった。これはハッキリしている。

人文・理の自治会執行部は、メンバーは代わったが前年に同じく反民で、選挙の結果維持されていた。だから闘争を、動かない学館占拠から先にエスカレートさせなければならなかった。卒業式当日早朝、式場の体育館を封鎖することで火蓋は切られた。

対して大学側は学館占拠を排除した。新学期、新入生の目の前で、自治会は学館再占拠を試みたが、大学側の教職員で組織された学内機動隊（自警団）に撃退された。（この学内機動隊は、文部省の熱いお褒めにあずかり、その後山形大学方式として全国に広まったという。）

だが、撃退されたままで済むわけはなく、自治会は次に学生部を封鎖した。しかし、封鎖・占拠を保ち続ける力はなく、数日で学内機動隊の手で解除された。

このイタチごっこではじり貧が見え見えの自治会は、局面の一大転換を図った。闘争を異次元の高みに引き上げるべく、思い切った賭けに出たのだ。

自治会大会でのスト権確立がそれで、成功すれば名実ともに強制力をともなった主導権を獲得することができる。成功しなければいけない、大会で出席の過半数の賛成を得なければいけない。執行部は動いた。工作を巡らし、さまざまな手を尽くし、民青勢力の反対の中をかろうじて凌駕し、スト権を確立した。

スト権確立と同時に、自治会執行部は自らをその一部とする全学闘争会議（全学闘）を組織した。全国的には日大と東大の全学共闘会議(全共闘)が知れわたっていたが、山大ではまだそこまでの組織単位の成熟はないので、その前段階として闘争を全体的に指導・指揮する部隊という位置づけだった。

これで一気に闘争は拡大した。ストという掲げられた大義名分と具現化した闘争指導部の下、参加学生が増え、大衆運動の様相が濃くなった。デモは学内から学外へと繰り出し、七日町をそれまでの例にない長い列で、ジグザグ行進する場面も現出した。キャンパス内での討論の輪は目に見えて増え、厚く熱く時間が過ぎた。

大学側は焦った。想定を超えた学生側の熱量と行動だった。だったらそれを沈めたらいい。どうやったら沈静化できるか。学生を分散すればいい。集まらなくすればいい。休みにしよう。夏休みにしてしまえ。例年より一ヶ月ちかく早いが、かまわない。長めの夏休みで、後で調整すればいい。それが今を乗り切る最善の策だ。

そうだ、それと合わせて、闘争のリーダー格の学生の処分、やってしまおう。どうせやらずには済まされない事態まできている。全学闘の主要メンバー、活動家と自治会執行部で、計一〇人か。全国的にも突出した退学処分の例となるが、学内平穏化のためには欠かせないだろう。

学生処分の発表と明日から夏休みの布告掲示がなされた。学生側の反発は激しく、全学闘の提案・指揮によって人文研究室棟の封鎖がなされた。けれど、そこまでだった大学側が考えた通り、学生側の集会は一人二人と参加が減っていき、十日も経つと学内は閑散となっていた。

学生運動の限界か。夏休みが終わっても、大学正門前でハンストに入る複数の学生がいたりしたが、闘争が再び燃え盛ることはなかった。小火《ぼや》程度の炎は何回か上がったが、それも自然鎮火のように細くなっていった。活動家もリーダーもほとんどが逮捕され、勾留後の釈放もあったが起訴・裁判になるケースもあって、組織も闘争も瓦解と言ってよかった。

ということだ。大学祭などどこにも、その欠片さえなかったのではないのか。一九七〇（昭和四五）年は、大学祭は復活されたと思う。というのは、後輩が学館の一室で居酒屋めいたものをやり、少しながら儲けたと喜んでいたと記憶するからだ。

ただ、それ以上の記憶はない。全然ない。何か特にと注目を集めるような、企画やイベントがあったとも思われない。

大学祭よりもやはり寮祭だった。この年は雨天で仮装行列中止となったが、演劇大会は行なわれた。しかしそれよりも盛り上がったのは、寮祭協賛でストリップ劇場《スズラン劇場》が日時限定ながら割引（半額ではなかったろうか）入場させてくれ、山大生で大いににぎわったのだった。

大学紛争・学園闘争後の虚無は深く濃かった。そこから脱け出し立ち直るには、全国的に他に例のない強硬策（退学処分に学内機動隊など）に走った大学側も、闘争の中心にあった我々の学年が卒業してしまう時間を必要としていただろう。

以上

（二〇二四年四月二九日）

<著者略歴>


花輪《はなわ》　公雄《きみお》

1952年、山形県生まれ。1981年、東北大学大学院理学研究科地球物理学専攻、博士課程後期3年の課程単位修得退学。理学博士。専門は海洋物理学。東北大学理学部助手、講師、助教授を経て、1994年教授。2008年度から2010年度まで理学研究科長・理学部長。2012年度から2017年度まで理事（教育・学生支援・教育国際交流担当）。2018年3月、定年退職。東北大学名誉教授。2021年度から2023年度まで山形大学理事・副学長（企画・評価／IR・総務・危機管理・内部統制担当）。2024年5月より、国立研究開発法人海洋研究開発機構・特任上席研究員。



がっさん通信 －四方を山に囲まれた山形大学発－

2024年11月11日　初版第1刷発行〈検印省略〉

定価は表紙に表示しています

著　者／花輪 公雄
発行者／玉手 英利
印刷者／川村 祐一

発行所／山形大学出版会
〒990-8560　山形県山形市小白川町1-4-12
TEL:023-628-4016





印刷・製本／藤庄印刷株式会社
ISBN978-4-903966-37-3　Printed in Japan